FACULTÉ DE DROIT DE PARIS

ETUDE

SUR LA

Recherche de la Paternité

DANS L'ANCIEN DROIT FRANÇAIS

ET DANS LE CODE CIVIL

Suivie de quelques indications sur la Condition des Enfants Naturels

DANS LES PRINCIPAUX ÉTATS D'EUROPE ET D'AMÉRIQUE

THÈSE POUR LE DOCTORAT

PRÉSENTÉE ET SOUTENUE

Le Mardi 29 Mai 1900, à 8 heures 1/2

Par **Henri BLOQUEL**

Président : M. WEISS, *professeur*

Suffragants : { MM. MASSIGLI } *professeurs*
{ COLIN }

Le Candidat répondra, en outre, aux questions qui lui seront posées
sur les autres matières de l'enseignement

PARIS

JOUVE & BOYER

IMPRIMEURS

15, rue Racine, 15

1900

THÈSE

POUR

LE DOCTORAT

ÉTUDE

SUR LA RECHERCHE DE LA PATERNITÉ

DANS L'ANCIEN DROIT FRANÇAIS

ET DANS LE CODE CIVIL

Suivie de quelques indications sur la condition des enfants naturels

DANS LES PRINCIPAUX ÉTATS D'EUROPE ET D'AMÉRIQUE

THÈSE POUR LE DOCTORAT

Présentée et soutenue le mardi 29 mai 1900, à 8 h. 1/2.

PAR

Henri BLOQUEL

Président : M. WEISS, *professeur.*

Suffragants { MM. MASSIGLI, *professeur.*
COLIN, *professeur.*

PARIS

JOUVE ET BOYER

IMPRIMEURS

15, Rue Racine, 15

—

1900

E T U D E

SUR LA RECHERCHE DE LA PATERNITÉ

DANS L'ANCIEN DROIT FRANÇAIS

ET DANS LE CODE CIVIL

Suivie de quelques indications sur la condition des enfants naturels

DANS LES PRINCIPAUX ÉTATS D'EUROPE ET D'AMÉRIQUE

PRÉAMBULE

Avant d'étudier la situation faite aux bâtards dans notre ancienne France, il est utile de remonter aux sources mêmes de notre droit et de voir quelle était cette situation dans le droit Romain et chez les anciens peuples Germaniques.

Il y a trois périodes à distinguer en droit Romain.

Sous la première, qui est régie par la législation des douze Tables, les droits des enfants nés hors mariage sont nuls ; en effet, on ne tient compte que d'une seule parenté, la parenté civile ou *agnatio ;* les liens du sang restent ignorés. Aussi, ne peut-il être question pour l'enfant naturel de parenté avec son père puisqu'il est né hors des *justis nuptiis*, et aucun lien ne l'unit davantage à sa mère qui ne fait plus elle-même partie de sa propre famille depuis qu'elle est tombée sous la *manus* du père.

Le bâtard n'a donc et ne peut avoir vis-à-vis de son père ni vis-à-vis de sa mère aucune espèce de droits.

Mais si l'on considère que la famille fortement constituée est entièrement livrée à son chef, le *pater familias*, qui est le maître absolu de ses enfants comme il l'est de son esclave ou de sa chose, qui ordonne souverainement de leur sort, qui peut à son gré les vendre, les tuer, et à plus forte raison les expulser de la famille en les émancipant, on comprendra aisément que la barrière séparant les enfants légitimes des bâtards était bien facile à franchir, puisqu'il suffisait au *pater familias* qui voulait favoriser un bâtard, de l'abroger pour qu'il fît partie de la famille, et que, d'autre part, il pouvait en l'émancipant expulser de la famille son enfant légitime.

Néanmoins, à ne considérer que les bâtards en faveur desquels le *pater familias* n'usait pas de sa toute puissance, leur condition devait être fort misérable puisqu'ils n'avaient aucun droit, ni vis-à-vis de leur père, ni vis-à-vis de leur mère.

Avec le droit honoraire, une ère nouvelle s'ouvre pour les enfants naturels.

On commence à tenir compte des liens de sang et l'édit *unde cognati* du prêteur permet aux enfants naturels de recueillir la succession de leur mère qui n'avait pas été soumise au pouvoir marital.

Sous l'Empire, l'œuvre commencée par le prêteur se poursuit ; la *cognatio* l'emporte de plus en plus sur l'ancienne famille civile. Le Senatus-consulte Orficien édicté sous Marc-Aurèle élargit la base de la parenté naturelle en appelant les enfants à la succession maternelle en premier ordre, et à l'exclusion de tous autres héritiers, même des agnats.

D'ailleurs, dès les premiers siècles de l'empire, avec la dissolution commençante des mœurs et l'accroissement des unions légitimes on a été amené à distinguer trois classes parmi ces enfants qui, sous la législation des douze Tables restaient confondus dans une même inexistence juridique.

On distingue désormais :

1° Les *liberi naturales*, nés de l'union stable d'un homme et d'une femme qui ne sont pas mariés en justes noces (*concubinatus*).

2° Ceux nés d'une femme de basse condition avec laquelle le père n'a eu aucune liaison stable, (*spurii, vulgo concepti*).

3° Ceux nés d'une union prohibée par les lois, (*adulterini, incestuosi*).

Et, tandis que les enfants adultérins et incestueux son privés par Justinien, de tous droits héréditaires, même de la faculté de réclamer des aliments, le même empereur permet au père de laisser à ses enfants naturels le douzième de ses biens, même en présence d'enfants légitimes ; à défaut d'enfants légitimes, s'il existe des ascendants, il peut disposer en leur faveur de toute la quotité disponible et s'il n'y a ni descendants légitimes ni ascendants, il peut tout léguer à ses enfants naturels à l'exclusion des collatéraux.

Plus tard, Justinien va leur reconnaître un droit plus important encore. Il leur accorde en effet dans ses Novelles (Novelle 18, cap. 5) un droit « *ab intestat* » portant sur le sixième des biens paternels conjointement avec les mères, s'il n'y a ni épouse ni enfants légitimes ; en présence d'enfants légitimes ils ne peuvent réclamer que des aliments.

En résumé, les enfants naturels n'ont d'après la loi des douze Tables aucun droit, ni du côté maternel, ni du côté paternel. Plus tard, le préteur tenant compte des liens du sang leur accorde des droits vis-à-vis de leur mère et ces droits s'accroissent à mesure que la *cognatio* tend à prendre de l'importance en face de l'ancienne parenté civile ; dans les dernières années de l'Empire, ils existent même à l'égard du père.

Mais, bien qu'aucun texte ne vienne restreindre pour l'enfant naturel simple le droit d'établir sa filiation paternelle, les avantages reconnus par la loi ne visent spécialement qu'une seule catégorie, celle des enfants qui, nés du concubinat, union d'ordre inférieur, mais reconnue par la loi, ont, par conséquent, un père certain.

Droit Germanique (1).

Le principe fondamental du Droit Germanique c'est que, l'enfant né d'une union illégitime est considéré comme un étranger. Ne faisant partie, ni de la famille du père, ni de celle de la mère, l'enfant naturel n'a par conséquent, dans l'une ni dans l'autre, aucun droit de succession.

Pour que l'enfant soit légitime et apte à succéder, il ne suffit pas qu'il soit issu d'un mariage quelconque, il faut que les époux soient de condition égale. La sanction de cette obligation est plus ou moins rigoureuse chez les différents peuples germaniques.

Chez les uns, c'est une pénalité rigoureuse et les enfants ont une complète inexistence juridique ; chez les autres on se contente de frapper les époux et les enfants d'une certaine incapacité civile.

Ainsi, les Saxons tuaient l'individu qui avait épousé une femme d'un rang plus élevé que le sien.

Chez les Bourguignons, l'ingénue subissait la même peine quand elle s'était volontairement unie à un serf ; ses parents pouvaient lui faire grâce de la vie mais alors elle devenait serve du roi.

D'après la loi Ripuaire, l'homme ou la femme ingé-

1. Voir Kœnigswarter. *Essai sur la législation des peuples anciens et modernes. Revue Fœlix*, année 1842. Tome IX, pages 190 et s., pages 368 et suiv.

nus qui épousaient le serf ou la serve d'un ripuaire, tombaient avec leurs enfants dans le servage de celui-ci.

Chez les Wisigoths, la femme ingénue qui s'unissait avec son serf était brûlée vive avec lui ; si elle s'unissait avec le serf d'autrui, à trois reprises différentes elle était fustigée publiquement puis elle devenait serve ; les enfants nés de ces unions n'avaient aucun droit, ni vis-à-vis de leur père ni, vis-à-vis de leur mère.

Si un ingénu s'était uni à la serve d'autrui il devenait serf ; dans ce cas l'enfant qui n'avait aucun droit à la succession paternelle venait à la succession maternelle conjointement avec les autres héritiers.

Quant à la loi des Bavarois elle reconnaissait aux enfants naturels un droit à la succession maternelle mais elle les excluait formellement de la succession paternelle en se bornant à les recommander à la pitié de leurs frères légitimes.

Parmi ces lois, une seule, la loi des Lombards, influencée par le droit Romain, accordait des droits d'hérédité aux fils naturels dans la succession paternelle. Les premières lois écrites, l'édit du roi Lothaire donnent à ces enfants une réserve qui est de la moitié de ce qu'ils auraient s'ils étaient légitimes. Mais les lois postérieures viennent bientôt changer ce droit. Ainsi le roi Luitprand défend au père qui a des enfants légitimes de rien laisser aux bâtards pour qu'ils soient réduits à ce que leurs frères légitimes voudront leur donner.

Les enfants naturels ont donc chez les Germains une condition fort dure ; ils n'ont souvent aucun droit, ni dans la succession paternelle, ni dans la succession maternelle, pas même un droit à des aliments.

Mais disons de suite que, dans la civilisation romaine comme dans le droit des barbares, la question qui se pose de nos jours en présence des enfants naturels non reconnus qui tombent à la charge de l'Etat, n'existait pas ou plutôt se résolvait par l'esclavage ou le servage. On trouve même dans les coutumes germaniques la preuve de l'intérêt que les grands ou les rois trouvaient à s'approprier les bâtards.

Les coutumes germaniques sanctionnaient en effet généralement par le servage, l'union d'un ingénu et d'une serve ou d'une serve avec un ingénu en vertu de ce système qui réapparaîtra dans notre ancien droit coutumier sous cet adage « en formariage le pire emporte le bon », et les enfants nés de ces unions devenaient également serfs.

Et la loi Ripuaire explique pourquoi les capitulaires favorisaient les unions entre les personnes libres et les serfs royaux, l'enfant d'un serf ou d'une serve royal devenant lui-même serf du roi.

PREMIÈRE PARTIE

CHAPITRE PREMIER

Ancien droit Français

Nous connaissons les deux éléments qui devaient tenir tant de place dans la formation de notre ancien
droit coutumier ; le droit Romain qui accordait aux
enfants nés du concubinat des droits successoraux, même dans la succession paternelle, à tous les enfants
nés d'une union illégitime, pourvu qu'elle ne soit pas
entachée d'adultère ou d'inceste, des droits à la succession
maternelle ; le droit Germanique qui ne leur accorde
aucun droit dans la succession paternelle et souvent
même les exclut complètement de la succession maternelle.

De ces deux éléments, c'est le moins favorable aux
enfants illégitimes qui va l'emporter ; c'est l'élément
Germanique qui passera dans nos anciennes coutumes
pour refuser à ces enfants tout droit dans la famille.
Sans doute ils pourront établir leur filiation à l'égard
de leur mère pour leur réclamer des aliments, mais

c'est à une troisième influence, à celle de l'Eglise, qu'ils devront ce droit.

Le droit canonique s'était en effet refusé à admettre, comme le droit romain, une différence entre le concubinat et les autres unions illégitimes qu'il englobait dans une même réprobation ; mais tandis qu'il punissait sans distinction toutes ces unions, il reconnaissait aux enfants qui en étaient issus, le droit de réclamer des aliments à leurs père et mère, sans exclure, comme l'avait fait Justinien, les enfants adultérins et incestueux. Et il est naturel de penser que le droit aux aliments si largement reconnu aux bâtards dans notre ancienne France est dû à l'influence de l'Eglise si apparente dans notre droit coutumier en ce qui concerne les droits de famille, plutôt qu'au droit romain dont les dispositions les plus favorables aux bâtards n'ont jamais pu s'implanter, même dans le pays de droit écrit. On lit en effet, dans la Collection des décisions nouvelles de Denizart, au mot *Bâtard* : « Quant aux dispositions « du droit romain sur la faculté des bâtards de succé- « der à leur mère, Henrys, liv. 6, chap. 3, rapporte « un arrêt très important du 16 mai 1624, d'après le- « quel cet auteur pense qu'on ne doit plus douter que « la coutume exclusive des bâtards est générale et a « lieu en pays de droit écrit, comme aux provinces « coutumières. L'annotateur de Henrys à l'endroit ci- « dessus cité assure dans ses observations que les par- « lements de Bordeaux, Toulouse et Aix ont rejeté les

« dispositions du droit romain qui admet les bâtards
« à la succession de leur mère, mais que le Parlement
« de Grenoble l'a conservée ».

La situation des enfants naturels dans notre ancienne
France va donc être déterminée d'une part par les
coutumes germaniques, d'autre part, par le droit canonique, ce qui va rendre cette situation extrêmement
dure ; car, pour sauvegarder la dignité du mariage,
image de l'union de Jésus-Christ avec l'Eglise, le droit
canonique ne se contentera pas d'excommunier ceux
qui vivent dans les unions irrégulières ; il les punira
encore dans la personne de leurs enfants, pour que,
l'infamie se perpétuant, le crime en devienne plus
odieux.

C'est le dogme du péché originel que Bossuet a si
bien mis en lumière dans son livre *De la connaissance
de Dieu et de soi-même* : « Punir les pères dans
« leurs enfants, dit-il, c'est les punir dans une partie
« d'eux-mêmes que la nature leur a rendue plus chère
« que leur propre vie ; en sorte qu'il n'est pas moins
« juste de punir un homme dans ses enfants que de le
« punir dans ses membres et dans sa personne. Re-
« connaissons donc cette justice qui venge les crimes
« des pères sur les enfants ».

Du droit canonique, cette idée de châtiment passera
dans no're ancien droit coutumier, mais la distinction
se faisant peu à peu entre la morale et le droit, les
parents n'encourront plus civilement aucune peine,

tandis que les enfants, sous l'influence persistante des idées religieuses, resteront frappés de certaines déchéances.

« On a reconnu, » disait en 1779 l'avocat général Seguier portant la parole devant le parlement de Paris, « que le frein le plus fort qu'on a apporté aux « conjonctions illicites était de flétrir, en quelque sorte, « les enfants qui en étaient le fruit... de là le principe « admis dans presque toutes nos coutumes que les en- « fants naturels ne peuvent venir à succession... Il était « juste de punir ce crime (les unions illégitimes) jusque « dans les enfants en privant les père et mère de la satis- « faction qu'ils auraient eue de verser des bienfaits sur « le fruit de leur union criminelle » (1).

La Révolution, séparant complètement l'Eglise de l'Etat rejettera comme barbare et injuste le dogme du péché originel et proclamera, en conséquence, les enfants naturels égaux des enfants légitimes ; mais on ne tardera pas à s'apercevoir que cette égalité menace dans son existence le mariage qui demeure, en tant que Contrat civil, la base de la société, et, le principe de la liberté individuelle joint à la grande distinction faite entre la loi civile et la loi morale, ne permettant pas de prohiber et de punir l'union libre de deux êtres, on reviendra à l'idée de les punir dans la personne de leurs enfants ; de sorte que l'influence de

1. Nouveau Denizart mot : Bâtard.

l'Eglise se retrouvera dans notre Code civil comme dans notre ancien droit coutumier.

Il faut donc chercher dans les coutumes germaniques et dans le droit canonique le principe de la situation rigoureuse faite aux bâtards dans notre ancienne France.

Plus tard, la grande usurpation féodale qui s'étendit à tant de choses, se servit de la flétrissure imprimée par l'Eglise au nom des bâtards pour les réduire en servitude comme elle y avait réduit les aubains ou étrangers et les nouvelles déchéances qui en résultèrent pour les enfants naturels persistèrent longtemps après l'époque où ils eurent conquis leur franchise ; les seigneurs y trouvaient en effet trop d'avantages au point de vue fiscal pour ne pas essayer de maintenir comme inhérente à la qualité de bâtard, les charges de toutes sortes, dont ils écrasaient les serfs.

Ainsi les bâtards ne pouvaient se marier à un autre qu'à leur semblable sans l'assentiment du seigneur, ils ne pouvaient tenir bénéfice en France sans dispense du pape, ni disposer de leurs biens après leur mort, ni les laisser à d'autres parents qu'à leurs enfants légitimes ; à défaut de ceux-ci leur fortune appartenait au roi ou au seigneur féodal.

Ce droit de bâtardise ou de formorture donnant au souverain le droit de prendre la succession des bâtards décédés sans postérité légitime avait son origine dans les coutumes germaniques ; d'après ces coutumes en

effet le bâtard ne tenait à aucune famille et ses biens
se trouvaient vacants à sa mort s'il ne laissait pas d'enfant pour lui succéder.

Avec la ruine de la féodalité, ces déchéances dimi-
nueront peu à peu et elles iront en s'atténuant jusqu'au
XVIII° siècle. Aussi d'Aguesseau pourra-t-il écrire
dans sa dissertation sur les bâtards : « qu'il ne reste
« plus aucune différence entre eux et les enfants légi-
« times, si ce n'est en ce qui touche les successions et
« la faculté de recevoir à titre gratuit » et Pothier
en écrivant plus tard son *Traité des personnes*, dira :
« Les bâtards jouissent de l'état civil commun à tous
les citoyens, mais ils n'ont pas les droits de famille (1). »

Les déchéances qui frappaient les enfants naturels
dans les derniers siècles de notre ancien droit ne con-
cernaient donc plus que les droits de famille. Qu'elles
étaient exactement ces déchéances ? Il est difficile de
les énoncer d'une façon certaine pour toute la France
étant donné les diversités des coutumes. Toutefois on
peut dire que les coutumes rédigées à la fin du quin-
zième siècle et dans le courant du seizième excluaient
universellement le bâtard de la succession paternelle (2);
à plus forte raison ne lui reconnaissaient-elles aucun
droit successoral à l'égard des parents de son père.
Loisel, dans ses institutions coutumières pose comme
règle générale que « bastard ne succède point ».

1. *Traité des personnes*, n° 118.
2. Denizart. *Collection de décisions nouvelles au mot Bâtard.*

Certaines de nos coutumes prononçaient formellement
l'incapacité des bâtards pour succéder. Paris, art. 138.
Melun, article 297-301. Auxerre, article 34. Sens, article 31. Etampes, art. 128, etc., etc.

Relativement à la succession de la mère et à celle
des parents maternels, l'exclusion comportait des exceptions plus ou moins larges, en Dauphiné, dans certaines provinces du midi et dans quelques pays du Nord ;
c'est ainsi que les coutumes de Valenciennes et de
St-Omer, déclaraient que nul n'est bâtard par sa mère.

En ce qui concerne la faculté pour le bâtard de recevoir des libéralités de ses père et mère, les coutumes étaient fort peu uniformes ; celles d'Anjou, art.
345, et du Maine, art. 357, interdisaient aux pères toute
disposition testamentaire en faveur de leurs enfants
naturels, mais leurs permettaient de les avantager par
donation.

La coutume de Melun, art. 297, permet au père de
les avantager, soit entre vifs, soit par testament, pourvu
que le don ne soit immodéré et immense.

La coutume du Poitou, art. 297, veut que le père ne
puisse faire donation à ses bâtards que pour les ali-
menter, nourrir et entretenir suivant leur état.

Les bâtards sont donc en droit commun, incapables
de recevoir des dispositions à titre universel de leurs
père et mère ; il y eut pendant longtemps bien des diversités et des fluctuations dans les décisions judiciai-
res à cet égard, on pensait qu'ils ne devaient pas être

de pire condition que des étrangers auxquels ces père
et mère pouvaient faire des dispositions universelles.
On a sur cela un grand nombre d'arrêts dans Brodeau
sur Louët, (lettres D. nomb. 1) (1). Ce fut seulement
au dix-septième siècle que la jurisprudence se fixa dans
le sens le plus rigoureux. L'incapacité de recevoir à
titre universel, admise par de Laurière et d'Aguesseau,
est formulée comme une règle certaine par Pothier et
par les auteurs du nouveau Denizart. Cette prohibition
ne fut jamais étendue aux rapports de l'enfant illégitime avec les parents collatéraux de son père et de sa
mère ; et, dans le dernier état du moins de notre ancienne jurisprudence, elle ne s'étendait pas non plus
aux libéralités émanées des ascendants. Les enfants
naturels simples ne pouvaient donc recevoir de leur
père et mère que des donations ou des legs à titre
particulier. Quant aux enfants adultérins ou incestueux la rigueur était plus grande ; ils ne pouvaient
recevoir que des aliments. Mais là s'arrêtaient les ri-
gueurs. Bien qu'il ne fît pas partie de la famille de son
père, ni de celle de sa mère, on reconnaissait au bâtard
le droit de porter le nom de celui de ses deux auteurs
vis-à-vis duquel sa filiation était établie. De plus le
droit aux aliments et à l'éducation pour tout enfant né
hors mariage était un principe hautement proclamé.

« Qui fait l'enfant doit le nourrir » a écrit Loysel

1. Denizart, mot Bâtard.

dans les Institutes coutumières (1). Ce précepte de droit naturel ne fut jamais méconnu par l'ancienne jurisprudence française. L'obligation en incombait aux deux parents mais principalement au père; on jugeait que c'était à lui, s'il était solvable, de subvenir aux frais de l'éducation de l'enfant. C'était la mère au contraire qui, le plus ordinairement, était chargée des soins de diriger et de surveiller cette éducation. Mais la règle générale de cette matière était de considérer l'intérêt des enfants et de confier leur éducation à celui des père et mère en qui la justice avait plus de confiance.

Aussi lorsque la justice se méfiait de l'un et de l'autre parent elle ordonnait que l'enfant serait mis dans un couvent jusqu'à ce qu'il ait atteint un certain âge (2).

Ce droit pour l'enfant d'être nourri et élevé par ses auteurs avait pour corollaire le droit de les rechercher lorsqu'ils ne remplissaient pas l'obligation naturelle qu'ils avaient contractée à son égard en le créant, et ce, sans aucune distinction entre la recherche de la paternité et la recherche de la maternité.

Il nous faut donc voir quels étaient pour l'enfant naturel les moyens d'établir sa filiation vis-à-vis de ses parents ou plutôt vis-à-vis de son père puisque notre étude porte spécialement sur la recherche de la paternité.

1. Livre 1, titre I, règle 41 (édition Dupin et Laboulaye) tome I, page 91.

2. Voir Denizart, ouvrage cité, au mot « Bâtard ».

Jusqu'à la Révolution, la preuve de la paternité hors mariage ne fut réglée par aucun texte ayant force de loi ; à cet égard les coutumes étaient muettes et les ordonnances royales ne contenaient aucune disposition. C'est donc la coutume non écrite que nous devrons étudier dans les recueils de jurisprudence et dans les ouvrages des auteurs.

Ce droit n'était en principe soumis à aucune règle spéciale en ce qui concerne la preuve.

L'enfant qui n'avait pas été reconnu, soit expressément dans l'acte de mariage, soit tacitement au moyen de la possession d'état, pouvait établir sa filiation par toutes espèces de preuves dont la valeur était laissée à l'appréciation des juges.

Bien plus, le principe que l'enfant a droit d'être nourri par ses parents était si bien ancré dans notre ancien droit et tellement en faveur qu'on verra naître en jurisprudence et approuver par les auteurs, certains usages dérogeant aux règles générales et tendant non pas à modifier en les restreignant les preuves de la paternité mais à supprimer en ce qui les concerne certaines exigences jugées partout ailleurs indispensables. « Inutilement, dirait-on », écrit Fournel, au sujet des présomptions qui devaient guider les juges « que ce « sont là de légers indices qui n'indiquent pas néces- « sairement un commerce charnel : que rien n'est plus « trompeur que l'apparence, que des présomptions ne « doivent pas devenir la base d'une accusation. Tous

« ces lieux communs qui seraient excellents s'il s'agis-
« sait de prononcer une condamnation afflictive ou flé-
« trissante ne sont d'aucune considération en cette
« matière où il ne s'agit que d'assigner une paternité.
« Quiconque aura contre lui des présomptions de ce
« genre ne pourra pas nier qu'il n'ait eu avec la mère
« un commerce extrêmement familier et contraire aux
« bonnes mœurs ; il n'a pas dû ignorer les risques aux-
« quels cette intimité apparente l'exposait et il ne peut
« se plaindre d'en éprouver les suites ». Fournel »
(*De la Séduction*, page 136).

En règle générale, on peut dire que notre ancienne
jurisprudence donnait aux enfants nés hors mariage
les plus grandes facilités pour établir leur filiation. La
reconnaissance du père était toujours admise comme
faisant preuve de la paternité ; elle pouvait être faite
aussi bien par acte sous seing privé que par acte authentique ; à défaut d'écrit la reconnaissance verbale
prouvée par témoins suffisait.

Il n'y avait aucun doute non plus, relativement à la
possession d'état. Lorsqu'il n'y avait pas eu de reconnaissance expresse, mais que le père avait traité l'enfant comme sien, qu'il avait pourvu à son entretien, à
son éducation, ces faits suffisaient pour que les juges
déclarassent la paternité.

A défaut d'une reconnaissance expresse et de la
reconnaissance tacite résultant de la possession d'état.
il était admis de temps immémorial que la paternité

hors mariage pouvait être librement recherchée en justice.

Par qui d'abord pouvait être intentée une action en recherche ? Par l'enfant et par sa mère ; par l'enfant en son nom, par la mère au nom de l'enfant ou comme conséquence d'une demande en dommages-intérêts formée par elle contre son séducteur; mais c'était le plus souvent sur la demande de la mère que la paternité était déclarée, car outre qu'elle avait un intérêt personnel à obtenir des frais provisionnels de gésine qui devaient assurer pendant la durée du procès son existence en même temps que celle de l'enfant, c'est aussi lorsque l'enfant est en bas âge qu'il a le plus d'intérêt à voir établie sa filiation.

Plus tard, sans doute, il pourra intenter l'action pour avoir un nom et se faire payer le dommage résultant d'une éducation insuffisante mais il ne s'agit pas pour lui de vie ou de mort, comme à l'époque où la mère, étant le plus souvent incapable de lui donner les soins nécessaires si sa propre subsistance ne lui est pas assurée, fait désigner par des juges le père qui se dérobait à tous ses devoirs.

Donc le plus souvent, une instance en déclaration de paternité comprendra deux actions, l'une qui a pour but d'établir la filiation de l'enfant, l'autre qui tend à dédommager la mère du préjudice causé par la séduction. Mais, si étroitement liées qu'elles puissent être, il importe toutefois de bien les distinguer et de ne pas voir une seule action dans ces deux actions réunies. Souvent en effet, il arrivera que la mère poursuivant son séducteur en réparation du dommage causé par la séduction, des dommages-intérêts lui seront accordés, en même temps que, la filiation de l'enfant se trouvant implicitement reconnue, le père sera condamné à lui payer une pension alimentaire. De sorte qu'il semble n'y avoir qu'une seule action établissant la filiation de l'enfant et accordant à la mère des dommages-intérêts. Mais ce serait là une grave erreur, et il faut y voir deux actions différant dans leur fondement, dans leurs conditions d'exercice et dans leurs effets.

« Quand une fille » dit Fournel (1) dans son traité de la séduction, « a le malheur de sentir sa vertu chan-
« celer, il n'est pas contraire aux bonnes mœurs d'exi-
« ger de son séducteur qu'il se hâtera de lui donner le
« titre d'épouse légitime et de réparer par le sacre-
« ment les suites affligeantes attachées à sa faiblesse.
« C'est sous cette condition qu'une fille est toujours
« présumée avoir succombé. Au moyen de la présomp-
« tion d'une pareille promesse il n'y a plus d'absurdité
« dans l'action formée par la fille abusée ; on ne peut
« pas dire qu'elle demande la réparation d'un préjudice
« survenu par son fait et son consentement ; on ne
« peut plus dire également qu'elle demande la récom-

1 . Voir Fournel. *Traité de la séduction*, page 8.

« pense de son inconduite. Sa réclamation n'a pas pour
« objet l'attentat commis sur sa personne. Elle ne se
« plaint pas d'un outrage qu'elle a permis : elle se
« plaint seulement d'une infidélité, d'un manque de pa-
« role, enfin de l'inexécution d'un contrat. Son titre ne
« dérive pas de sa grossesse. La grossesse n'est que le
« témoignage de la convention antérieure faite entre .
« les parties ».

Donc des deux actions qui sont le plus souvent réunies dans une instance en recherche de paternité introduite par la mère, l'une, l'action en déclaration a
son fondement dans une obligation dite naturelle coexis-
tante à la naissance de l'enfant, l'autre au contraire à
pour cause l'inexécution d'une convention intervenue
ou plutôt présumée intervenue entre les parties.

Le droit de l'enfant étant un droit sacré puisqu'il
dérive de la nature même doit être entouré de toutes
les garanties, aussi l'action qui le sanctionne se meut-
elle dans les limites les plus larges. Le père prétendu
peut contredire les faits allégués contre lui et tendant
à établir sa paternité, mais c'est tout : aucune nullité
de forme, aucune exception n'est admise contre l'action
en déclaration.

L'action en dommages intérêts au contraire est non
seulement soumise à toutes les exceptions du droit
commun, on peut lui en opposer encore d'autres déri
vant de la nature spéciale du contrat qui lui a donné
naissance ; or, nous avons vu que la mère est présu-

mée n'avoir succombé que sur la foi d'une promesse de mariage ; mais encore faut-il pour qu'il y ait violation du contrat, que ce contrat soit valablement intervenu ; le séducteur était-il mineur, prêtre, marié, il n'a pu valablement promettre le mariage et la convention étant nulle l'action en dommages intérêts sera non avenue.

D'autre part si la femme ne nomme pas dans le plus bref délai celui qui l'a séduite de tenir son engagement il y a tout lieu de supposer qu'elle reconnaît tacitement n'avoir contre lui aucun droit et pour cette raison l'action en dommages intérêts se prescrit par cinq ans.

Toutes ces exceptions et bien d'autres encore qui permettront au séducteur d'écarter une demande en dommages-intérêts n'empêcheront pas que sa paternité ne soit déclarée, si les preuves invoquées contre lui ont été jugées suffisantes.

« Au surplus » dit Fournel (1) « en parlant de l'une « de ces exceptions, ce qui vient d'être dit en faveur du « mineur n'est relatif qu'aux dommages intérêts. Quant « à la charge de l'enfant elle peut être prononcée contre lui tout aussi bien que contre un majeur parce « que l'obligation de nourrir l'enfant ne procède pas « d'un contrat civil mais de la loi naturelle qui gou- « verne les hommes sans aucune considération de leur « âge ».

1. Fournel. *Traité de la séduction*, p. 138.

Ces actions diffèrent donc dans leur fondement et dans leurs conditions d'exercice. Elles diffèrent encore dans leurs effets puisque l'une a pour objet l'état de l'enfant tandis que l'autre a seulement pour but la réparation du préjudice causé à la mère.

Nous savons sous quel aspect se présentait en règle générale une instance en recherche de paternité; quelles preuves étaient admises pour établir cette paternité. « C'était » nous dit Fournel « la preuve par « écrit ou preuve littérale et la preuve conjecturale au « moyen de laquelle la mère pouvait établir par témoins « tout ce qui était de nature à démontrer l'existence « de relations intimes entre elle et celui qu'elle action- « nait comme étant le père. Il n'y avait aucune limita- « tion à cet égard et la valeur des preuves était laissée « à la seule appréciation des juges; il suffisait que la « fille soit en état d'offrir des témoins de certaines fa- « miliarités qui soient de telle nature qu'elles entraî- « naient avec elles la présomption d'une intime habi- « tude ».

Du moins c'étaient là les règles généralement suivies. Mais à côté de cette jurisprudence générale une autre s'était manifestée dans une partie de la France, qui avait pris dans les derniers siècles un assez grand développement et donné naissance à de grands abus.

Pour arrêter la multiplication des infanticides Henri II par une ordonnance de 1556 avait édicté la peine de mort contre toute femme ayant celé sa gros-

sesse si l'enfant était mort peu après l'accouchement.
Dès lors s'était introduit l'usage pour les femmes non
mariées de déclarer leur grossesse devant un magis-
trat ou un officier public, usage qui était bientôt devenu
une obligation. Souvent la mère, en déclarant sa grossesse, en désignait en même temps l'auteur et, cet
usage se généralisant, on en vint à tenir compte de
cette déclaration pour lui accorder à titre provisoire
et sans préjuger le fond, sous le nom de frais de
gésine, une somme qui devait lui permettre de subvenir, durant l'instance, aux premiers besoins de l'enfant.
Du moins, c'était la jurisprudence suivie dans la majorité des parlements; mais à côté de cette jurisprudence
une autre s'était manifestée principalement dans le
Sud-Est de la France, suivant laquelle la déclaration
de la mère était dans un certain nombre de cas une
preuve complète de la paternité. Cette jurisprudence
est rapportée et commentée dans les écrits d'Antoine
Favre, premier président de la Haute-Cour Savoisienne
de 1610 à 1624, qui formula dans son *Codex defini-
tionum* la célèbre maxime : *Creditur virgini dicenti
se ab aliquo agnitam, et ex eo præquantem esse* (1).

Sans doute à côté de la règle, l'auteur formulait de
nombreux correctifs. Il n'était dû foi qu'à la fille jusque-là irréprochable, et non à la *méretrix*, à la femm:

1. Liber IV, titre XIV, *definitio* XVIII, édition de Lyon, 1681,
p. 313.

de mauvaise vie : de plus la déclaration ne pouvait viser un homme marié, etc. Mais la maxime formulée comme on l'a vu plus haut se répandit rapidement tandis que ses nombreux correctifs restaient inconnus, et devant quelques tribunaux où elle avait force de loi, la déclaration de la fille-mère suffisait pour que la paternité fut reconnue, quelles que fussent d'ailleurs les circonstances de la cause.

Il en résulta de graves abus, dont l'un donna lieu vers 1780 à un plaidoyer célèbre de l'avocat général Servan. Appelé à porter la parole dans un procès en déclaration de paternité, dans lequel une fille de 15 ans avait déclaré, comme étant l'auteur de sa grossesse, un homme marié âgé de plus de 60 ans et infirme d'une jambe, Servan s'éleva énergiquement contre une opinion « qui a presque usurpé la force d'une règle » contre la maxime du Président Faber, dont il disait qu'elle lui laissait une plaie dans le cœur; mais, il faut le remarquer, le plaidoyer de Servan constate que la maxime du président Faber n'était pas suivie dans tous les Tribunaux du royaume et que la plupart au contraire n'avaient adopté sur cet objet aucune règle générale (1).

Plus tard d'Aguesseau, prononçant devant le Parlement de Paris, un plaidoyer où il détermine les présomptions qui doivent servir de base à une déclara-

1. *Œuvres choisies de Servan*, publiées à Paris en 1823 par M. de Portets. Tome I, pages 377-427.

tion de paternité, ne mentionne même pas la maxime
de Faber (1). Et Pothier passe également sous silence
la fameuse maxime.

« Lorsqu'une fille ou une veuve, dit-il dans son *Traité*
« *du contrat de mariage* (2), est grosse des faits d'un
« homme, sur la plainte qu'elle forme contre lui et sur
« l'intervention du ministère public, cet homme s'il en
« convient ou s'il est convaincu, doit être condamné à se
« charger de l'enfant. Lorsque l'homme dénie avoir eu
« des rapports avec la fille, la preuve que la fille fera par
« témoins que cet homme a eu quelques familiarités ou
« privauté avec elle, suffit pour le faire présumer et faire
« en conséquence condamner à se charger de l'enfant.

La jurisprudence généralement admise était donc
que la fille devait établir, par écrit ou par témoins, tous
les faits de nature à prouver les relations intimes qu'elle
avait eues avec le père prétendu au moment de la conception.

A côté de cette jurisprudence existait celle qui donnait foi à la seule déclaration de la mère, mais, tout
en ayant pris un certain développement, cette jurisprudence n'en constituait pas moins une exception. De
plus les effets de la règle : *virgini prœgnanti
creditur*, ont été considérablement exagérés par les

1. *Œuvres complètes de d'Aguesseau.* Edition Pardessus.
T. III, p. 18-59.

2. Pothier. *Traité de contrat de mariage,* n° 391.

détracteurs du système de la recherche et dans les tribunaux même fanatiques de cette règle, elle n'était admise généralement que pour la condamnation provisionnelle du défendeur aux frais de gésine.

Ceci dit et en laissant désormais de côté la règle *creditur virgini*, il est étrange de ne trouver dans notre ancien droit aucun auteur signalant comme un danger le principe de la recherche et l'on s'étonnera de ce silence de la part de jurisconsultes comme Domat, d'Aguesseau, Pothier, de philosophes comme Voltaire, Rousseau, Diderot qui se sont occupés des questions sociales et qui ont remué tant d'idées : car il ne faut pas oublier que le système de la libre recherche nous a été présenté par ses détracteurs comme troublant la société à tel point qu'il méritait le nom de fléau. Servan, lui-même, cité si souvent par les partisans de la prohibition combat la maxime du président Faber et non le principe même de la recherche. Il suffit pour s'en convaincre de lire cette partie d'un de ses plaidoyers (1).

« Si la déclaration de ces filles était soumise aux « preuves ordinaires et légales, la vérité se ferait jour « dans leur conduite : Fermons désormais cette large « voie à la vengeance, aux saillies indécentes du liber- « tinage, à la sécurité de la prostitution ; posons pour « garde inviolable de la fortune et de la personne de « tous les citoyens des témoignages unanimes et

1. *Œuvres choisies*, 3ᵉ plaidoyer, page 34.

« nombreux; ne souffrons plus que les lois de la vrai-
« semblance restent muettes devant une fille qui seule
« devrait se taire.

Dans son rapport au tribunal, lors de la discussion
de l'article 60, le 2 nivôse an X, le tribun Duchesne
s'est expliqué sur l'importance qu'on devait donner à
la règle du président Faber, et sa déclaration, à une
époque où la règle cessait à peine d'être suivie, ne
laisse pas d'offrir un grand intérêt (1).

« S'il m'est permis, dit-il, de mêler mon opinion in-
« dividuelle à celle de la commission j'ajouterai qu'on
« s'est étrangement mépris jusqu'à présent sur le but
« et les effets de l'ancienne maxime *creditur virgini*.
« L'auteur lui-même d e cet adage en avait excepté les
« filles de mauvaise vie ;

« La règle n'était donc jamais applicable comme
« on a pu le croire à de viles prostituées ;

« Née dans un temps et faite pour un pays où les
« mœurs étaient encore pures, cette maxime n'était
« véritablement profitable qu'aux victimes d'une sé-
« duction réelle ou à l'excès d'une passion toujours
« excusable.

« Ainsi donc le petit nombre de tribunaux qui l'a-
« vaient admise sans restriction écartaient avec soin
« les déclarations faites par les filles déjà décriées,
« celles qui étaient le résultat d'une seconde faiblesse

1. Locré. *Législation de la France*, pages 149-178.

« celles qui portaient contre des hommes mariés parce
« qu'alors la séduction n'avait plus d'excuse. Celles
« enfin qui étaient faites par des filles majeurs.

« Avec ces divers tempéraments, l'honnêteté publi-
« que était respectée et les abus de la maxime extrê-
« mement rares. La déclaration assermentée d'une
« fille enceinte, lorsqu'elle n'était pas contredite, pro-
« duisait dans le ressort de ces tribunaux le double
« effet de fonder son action d'indemnité et d'obliger la
« personne dénommée à se charger de l'enfant ; dans
« tous les cas cependant la provision lui était accor-
« dée. » Nous trouvons là une preuve de ce fait que
non seulement ce n'était pas le système de la recherche mais la maxime « *virgini creditur* » qui provo-
quait des abus, mais que ces abus étaient beaucoup
moins graves qu'on a voulu le dire.

Il est aussi bizarre que les cahiers des Etats Généraux ne contiennent pas une plainte à l'adresse de ce
prétendu fléau. Ceci nous amène à dire que les abus
qui se produisaient sous l'ancien régime à l'occasion
des instances en déclaration de paternité étaient bien
moins la conséquence de la recherche elle-même que
des vices de l'organisation judiciaire. Le plus grand
reproche que l'on ait pu faire au système de la recherche tel qu'il était organisé dans notre ancien droit c'est
l'arbitraire absolu qui y régnait et l'on conçoit aisément
à quels excès pouvaient se livrer en cette matière des

juges trop souvent remplis de préventions et d'une ignorance étonnante.

Mais il ne faut pas oublier que bien d'autres parties de notre ancien droit étaient abandonnées à l'arbitraire des juges et que les demandes en déclaration de paternité n'avaient pas seules le privilège d'étaler au grand jour leur ignorance et leur vénalité.

En raisonnant ainsi on comprend sans peine le silence des jurisconsultes et des philosophes à l'égard des actions en recherche car ils s'étaient élevés contre l'arbitraire des juges, contre leur ignorance et leur vénalité et ne ressentaient pas la nécessité d'en signaler les effets dans ces actions, plus spécialement que partout ailleurs.

Sans doute tous ces abus pouvaient se donner plus librement carrière dans notre matière où, nulle coutume rédigée, nulle ordonnance ne venaient les endiguer, mais nous le répétons, le danger tenait bien plus à l'organisation judiciaire vicieuse de notre ancienne France qu'à l'admission même de la recherche de la paternité.

En résumé notre ancien droit admettait sans restriction aucune le principe de la recherche. Abstraction faite des coutumes où s'était introduite la fameuse et triviale maxime on doit lui reprocher la facilité excessive laissée pour exercer l'action ; dans ces conditions et sachant que les moindres familiarités pouvaient, sinon faire déclarer la paternité, du moins motiver la demande, on comprend quelle arme cette action devait être entre les mains de gens sans aveu et quelle menace elle devait être parfois pour l'honneur des personnes les plus irréprochables ; on s'explique que dans bien des cas ces personnes préféraient acheter leur tranquillité que s'exposer à un procès dont leur réputation pouvait sortir atteinte ; et que, dans les grandes villes, des filles de bas étage pouvaient, suivant l'expression de Servan « promener de maison en « maison et d'hommes en hommes la menace d'une « accusation pour lever un tribut et une sorte de capi- « tation sur la faculté d'être père » (1). Il aurait fallu au moins que la crainte d'une peine sévère vînt contrebalancer cette facilité extrême donnée pour intenter l'action ; or, cette peine n'existait pas.

Toutefois il ne faut pas s'exagérer les côtés défectueux du système suivi par notre ancienne France ; et si, quoiqu'on ait dit, les plaintes n'ont pas été plus nombreuses c'est qu'on était habitué à considérer comme un principe absolu le droit pour l'enfant de rechercher son père ; c'est que les actions en déclaration se renouvelaient chaque jour et qu'on devait admettre comme un mal inévitable, en notre matière aussi bien qu'en toute autre, à côté des demandes justifiées, la part des mauvaises chicanes.

1. *Œuvres choisies de Servan.* Edition « de Portets », livre I, page 377.

Quant aux inconvénients inhérents à la recherche d'une paternité toujours douteuse, puisque même en matière de filiation légitime c'est une présomption légale qui tient lieu de certitude, nos anciens auteurs ne les ignoraient pas ; mais cette impossibilité matérielle ne les arrêtait pas plus dans la filiation naturelle que dans la filiation légitime. Non, qu'ils ne fissent une différence entre les deux filiations ; ils considéraient au contraire que la présomption de paternité existant dans le mariage était seule entourée de garanties suffisantes pour servir de fondement à la famille et à la société et, voulant sauvegarder le mariage, ils déniaient rigoureusement aux enfants naturels tous les droits de famille.

Mais au-dessus des droits civils, des avantages reconnus par la société à ceux qui se sont conformés à sa loi, ils plaçaient le droit naturel, qui appartient à tout être incapable de se suffire à lui-même, d'être nourri par ceux qui l'ont engendré.

« Qui fait l'enfant doit le nourrir » disaient-ils et ils ne proclamaient pas ce droit sacré de l'enfant à la vie pour en faire ensuite une lettre morte, en dressant comme un rempart devant l'auteur prétendu, l'impossibilité d'une preuve matérielle et certaine de la paternité. Cette preuve matérielle n'existant pas plus en matière de filiation légitime qu'en matière de filiation naturelle ils admettaient la présomption à produire certains effets qui variaient de telle sorte, de l'une à l'autre filiation, que la dignité du mariage restât hors de toute atteinte, et ils se montraient d'autant plus faciles à admettre la présomption de paternité naturelle que les obligations du prétendu père étaient moindres et l'intérêt de l'enfant plus grand.

Le législateur de 1804 dit : la preuve de la paternité est entourée par la nature même d'un voile impénétrable. Le mariage, fondement de toute les sociétés civilisées, a été institué comme réunissant seul toutes les circonstances propres à rapprocher le plus possible de la vérité, l'hypothèse de la paternité du mari : aussi la filiation dans le mariage, vis-à-vis du père, est-elle établie au moyen d'une présomption légale qui ne peut, à de rares exceptions près, être combattue par la preuve contraire : en dehors du mariage, la preuve de la paternité reste ce que la nature l'a faite, c'est-à-dire impossible ; en conséquence la recherche de la paternité est interdite.

Nos anciens auteurs, ne raisonnant pas si haut, pensaient sans doute comme Bridoison (mariage de Figaro) (Beaumarchais) (1), « qu'on est toujours le fils de quelqu'un, » et ils partaient de ce principe moins élevé, pour condamner à l'entretien de l'enfant celui que des rapports d'intimité avec la mère ou d'autres circonstances indiquaient comme devant en être le père. Sans doute ils se trompaient parfois, mais l'enfant naturel n'entrant pas dans la famille, ils préféraient léser pécuniairement

---

1. Rivet. *Recherche de la paternité naturelle.*

un homme qui, s'il n'était pas le père, s'était mis dans
le cas de l'être, que condamner à la misère ou à la mort
un enfant innocent.

On peut expliquer ainsi des arrêts, absurdes en apparence, comme celui du 25 février 1861 mentionné
par Fournel, qui sur une demande en déclaration de
paternité condamnait solidairement plusieurs hommes
à se charger de l'enfant.

« De deux possibilités, dit Fournel, il faut choisir celle
« qui étant plus vraisemblable est aussi plus utile à
« l'enfant. Il lui faut un père après tout ; l'objet des
« magistrats n'est pas de rencontrer nécessairement
« l'auteur de la paternité naturelle, il suffit qu'il y ait
« dans les présomptions de quoi asseoir une paternité
« vraisemblable. Celui sur qui elle tombe ne doit impu-
« ter qu'à son imprudence et à son inconduite de s'être
« exposé à un soupçon.

On a beaucoup attaqué cet arrêt, on s'en est fait une
arme contre l'ancienne jurisprudence en faisant res-
sortir tout l'absurde de cette déclaration collective de
paternité.

Fournel l'a cependant défendu et nous pensons avec
lui que cette absurdité n'est qu'apparente.

Le but de l'action donnée à l'enfant dans notre ancien
droit était moins en effet d'établir sa filiation, de lui
donner un état, que de faire naître à son profit une
créance alimentaire, ou, pour mieux dire, les effets de
cette filiation établie se bornaient à des droits pure-

ment pécuniaires ; il est donc aisé de comprendre qu'une confusion ait pu naître dans l'esprit de juges souvent peu lettrés sur la nature même de l'action dont ils étaient saisis. Rien d'étonnant en conséquence à ce qu'ils aient réparti entre plusieurs défendeurs l'obligation alimentaire résultant de la déclaration de paternité, sans voir qu'ils décidaient en même temps une question d'état, et qu'ils aboutissaient à cette conséquence absurde de donner à l'enfant plusieurs pères.

Donc entre ces deux inconvénients, donner la charge d'un enfant à qui peut-être n'en est pas le père tout en ayant contre lui certaines présomptions, ou vouer l'enfant à une mort probable en dégageant le père de toute responsabilité, nos anciens auteurs n'ont pas hésité à souffrir le premier pour éviter le second.

Les rédacteurs du Code en ont autrement décidé. Ils ont pensé que l'enfant né hors mariage n'a pas au même rang que l'enfant légitime le droit de vivre et la présomption leur a paru suffisante pour donner au second ce qu'ils refusent au premier. En comparant le bilan des deux systèmes nous verrons si l'article 240 du Code Civil entouré de toutes les garanties apportées par la Révolution ne donne pas un résultat plus néfaste que la recherche sans restriction de l'ancien régime avec tous ses vices, arbitraire, ignorance et vénalité.

Il nous faut voir maintenant par suite de quelles circonstances la liberté entière de la recherche a fait place dans le droit intermédiaire au système de la prohibition.

CHAPITRE II

Droit intermédiaire.

Nous avons dit plus haut que les cahiers de 89 ne
contenaient aucune plainte à raison de la facilité avec
laquelle étaient admises les déclarations de paternité
et nous nous sommes étonnés de ce silence à l'égard
d'un système provoquant, nous a-t-on-dit, des désordres tels, qu'il était odieux à l'égal d'un fléau. La Constituante ne pense pas non plus à tarir cette source d'a-
bus. Est-ce oubli? Cela n'est pas vraisemblable, car
les constituants qui édictent en 1791 un code de délits
et des peines et suppriment en tant que délit le « rapt
de séduction » ont certainement eu présente à l'esprit
la question de savoir s'ils devaient en supprimer également la sanction au point de vue civil.

Rompant avec la jurisprudence antérieure sur les
conséquences d'une union irrégulière en droit pénal
il ne leur aurait pas coûté plus d'en abroger aussi les
conséquences en droit Civil. La Constituante pose net-
tement la distinction entre la morale et le droit. Ce que
la législation canonique avait mis au rang des délits,
elle l'écarte comme rentrant dans le domaine de la

conscience, mais quant à la responsabilité civile encourue par l'auteur du rapt, elle ne pense pas devoir l'en dégager ; et le silence de l'Assemblée Législative à cet égard est un assentiment à l'œuvre de ses prédécesseurs.

La Convention va s'écarter de l'ancien droit, en édictant les premières restrictions au principe de la libre recherche.

Mais il est important d'observer qu'elle ne s'attaquera pas directement à ce principe, pour le supprimer comme un vestige de l'ancien régime laissé debout par la Constituante et la Législative. Ce n'est qu'incidemment et après avoir modifié la situation des enfants illégitimes au point de vue successoral qu'elle portera son attention sur la libre recherche dont les inconvénients, relativement minimes, alors qu'elle ne produisait que des effets restreints, allaient grossir et devenir dangereux avec les droits considérables qu'elle devait désormais sanctionner.

La différence profonde qui séparait les enfants nés hors mariage des enfants légitimes au point de vue des droits de famille, ne pouvait pas manquer d'attirer l'attention du législateur à une époque où le mot d'ordre était de niveler toutes les conditions. Aussi, par décret du 7 mars 1793, la Convention chargea-t-elle son Comité de législation de lui préparer un projet de loi sur les enfants appelés naturels.

Cambacérès, organe de ce comité, proposa de mettre

au point de vue successoral les enfants naturels sur le même rang que les enfants légitimes.

« La différence qui existe entre les enfants légitimes « et illégitimes est-elle juste ? dit-il ; peut-il y avoir « deux sortes de paternité ? Présenter ces questions à « des législateurs philanthropes, c'est préjuger la solu- « tion. Ce serait leur faire injure que de croire qu'ils « fermeront l'oreille à la voix incorruptible de la na- « ture pour consacrer à la fois, et la tyrannie de l'ha- « bitude, et l'erreur des jurisconsultes. Aussi, je ne crains « pas de vous proposer de placer dans la famille les « enfants naturels nés de personnes libres presqu'au « même rang que les enfants légitimes sauf quelques « différences en faveur de ceux-ci et uniquement dans « la vue de favoriser l'institution du mariage » (1). Deux mois plus tard, Cambacérès, plus radical encore, con- clut devant l'assemblée à la complète égalité des enfants issus du mariage et de ceux nés hors mariage. « La « bâtardise, dit-il, doit son origine aux erreurs reli- « gieuses, et aux invasions féodales, il faut donc la « bannir d'une législation conforme à la nature. Tous « les hommes sont égaux devant elle. Pourquoi laisse- « riez-vous subsister une différence entre ceux dont la « condition devrait être la même ? » (2).

1. *Moniteur Universel*, du 6 juin 1793.

2. Fenet. *Recueil complet des travaux préparatoires du Code Civil.* Tome I, page 6.

La Convention, tout en rejetant comme trop compliqué, le projet du Code Civil qui lui avait été présenté, ne voulut pas laisser en suspens les droits des enfants naturels qui furent réglés par la loi du 11 Brumaire an II.

Cette loi plaçait les enfants naturels dans la famille au même rang que les enfants légitimes.

Mais, en la votant sous l'influence des idées philosophiques du xviiie siècle (1), le législateur devait s'apercevoir combien la situation faite aux enfants naturels était en opposition avec le principe même d'une société basée sur le mariage, et si Cambacérès, entraîné dans le tourbillon des idées révolutionnaires, semble le perdre de vue dans son second rapport, il l'avait fort bien indiqué dans le premier par ces mots « sauf quelques différences en faveur de ceux-ci et uniquement dans la vue de favoriser le mariage ».

On comprend aisément que le mariage n'a plus de raison d'être si l'union libre donne les mêmes résultats et que l'assimilation complète des bâtards aux enfants légitimes équivaut à sa suppression même.

1. «On ne saurait imputer aux enfants illégitimes le défaut « de leur naissance et par conséquent, les droits et les obli« gations entre eux et leurs parents sont naturellement les «mêmes que ceux qui concernent les enfants légitimes. La « tâche qu'on leur reproche n'est point naturelle; et c'est leur « faire injure que de répandre sur eux à cause de cela, une « sorte d'opprobre, Wolf. *Le droit de la Nature.* Tome III, p.40.

Trop imbue d'égalitarisme à outrance la Convention ne vit pas que l'inégalité de ces deux classes d'enfants s'imposait comme une nécessité sociale.

Mais, en même temps qu'elle sapait le mariage, fondement de la société, la loi de Brumaire créait un autre danger qui ne devait pas échapper à la Convention et dont la menace a contribué pour une large part à l'avènement du système de la prohibition.

Sous l'ancien régime en effet les enfants naturels n'entraient pas dans la famille, ils n'étaient pas héritiers. La faculté de créer des héritiers étant la conséquence la plus parfaite du mariage qui continue les parents dans la personne de leurs enfants après les avoir eux-mêmes confondus dans une même chair, il ne pouvait être question dans notre ancien droit, fortement imprégné des idées religieuses, de faire produire les mêmes résultats à l'union de fait qui donne naissance aux enfants naturels. Cette union faisait naître à l'égard des père et mère l'obligation naturelle de nourrir et d'élever leurs enfants, rien de plus.

Que l'on considère maintenant les conséquences d'une action en recherche de paternité avec la nouvelle situation faite par la Convention aux enfants illégitimes et l'on s'apercevra aisément que la liberté entière admise sans grands inconvénients dans notre ancien droit pour intenter cette action, pouvait dès lors avoir les conséquences les plus graves.

A supposer même une condamnation injustifiée, il

n'en résultait anciennement qu'un dommage relativement restreint ; l'homme devait nourrir et élever un enfant qui ne lui était rien ; mais là se bornaient les conséquences de la déclaration de paternité : l'enfant n'entrait pas dans la famille, il ne succédait pas. La situation est loin d'être la même avec les nouveaux droits accordés par la Convention aux enfants naturels ; ce n'est plus un bâtard qui réclame des aliments, c'est un héritier qui réclame ses droits dans sa famille et il n'est pas besoin d'insister sur les conséquences irréparables d'une déclaration injuste de paternité. De plus cet accroissement des droits de l'enfant naturel était un appoint aux demandes intentées dans un simple but de chantage et le résultat à obtenir était suffisamment attrayant pour aiguiser les appétits et favoriser l'industrie des aventuriers et des filles de bas étage.

Ces dangers qu'il avait créés firent que le législateur de l'an II devait considérer d'un autre œil que ses prédécesseurs le principe admis sous l'ancien régime et il fut heureux des protestations qu'avait soulevées, non pas la recherche elle-même, mais la maxime « *Creditur virgini...* » pour supprimer un système incompatible avec les idées nouvelles qu'il venait de mettre au jour.

D'après la loi de Brumaire, les enfants naturels reconnus sont dans la famille au même titre que les enfants légitimes ; mais pour être admis à l'exercice des droits qui leur sont reconnus ils sont tenus désormais, à défaut d'une reconnaissance volontaire, d'établir leur possession d'état. Cette possession d'état ne peut résulter que de la représentation d'écrits publics ou privés ou de la suite de soins donnés à titre de paternité et sans interruption tant à leur entretien qu'à leur éducation (1).

Ces restrictions apportées par la Convention au droit de recherche étaient insuffisantes en regard des droits énormes qu'elle venait de reconnaître aux enfants naturels ; et la reconnaissance assimilant désormais ces enfants aux enfants légitimes le mariage était en péril, eut-elle supprimé complètement la recherche de la paternité :

En somme la Convention a commis le tort de déterminer d'après les principes du droit pur et sans tenir compte des nécessités sociales la condition des enfants naturels. Elle a fait une confusion sur l'origine des déchéances qui frappaient les bâtards en attribuant, ces déchéances, suivant l'expression de Cambacérès « aux invasions féodales et aux erreurs religieuses. Sans doute la féodalité les a mises à profit pour asservir les bâtards mais elle ne les a pas créées; l'Eglise les a flétris pour flétrir en même temps le concubinage, comprenant bien que leur faire une situation égale à celle des enfants légitimes c'était porter atteinte à la dignité du sacrement de mariage. Seule, l'idée de châ-

1. Fenet. *Recueil complet des Travaux préparatoires du Code civil*, tome I, page 40.

timent qu'elle attachait à cette inégalité était une erreur et c'est cette idée seule que la Convention eut dû bannir.

Aussi lui aurait-il suffi, pour donner satisfaction aux nouveaux principes de justice et d'égalité apportés par la Révolution, d'abolir, dans une certaine mesure les déchéances qui frappaient les enfants naturels et de baser sur la nécessité sociale, abstraction faite de toute idée de flétrissure, celles de ces déchéances qu'elle devait conserver.

Toujours est-il que les législateurs du Code civil devaient forcément intervenir pour éviter les conséquences dangereuses du système érigé par la convention. Tout d'abord ils vont restreindre les droits successoraux des enfants illégitimes sans cependant les supprimer complètement à l'exemple de l'ancien droit. A ce point de vue les dispositions du Code ont le caractère d'une transaction entre l'ancien droit et le droit intermédiaire. Les enfants naturels cessent d'être les égaux des enfants nés dans le mariage, ils succèdent à leur père et mère mais pour partie seulement et ce n'est pas à titre d'héritiers mais de successeurs irréguliers. Mais d'autre part ces enfants qui avaient déjà vu resserrer assez étroitement par la convention le droit d'établir judiciairement leur filiation se voient complètement interdire ce droit ; ils ne peuvent plus prouver leur état qu'au moyen d'une reconnaissance émanée du père ; encore cette reconnaissance n'est-elle valable que si elle résulte de l'acte de naissance ou d'un acte authentique. Sauf le cas d'enlèvement à une époque se rapportant à celle de la conception la recherche de la paternité est absolument prohibée.

Si l'on comprend fort bien à première vue la res‑ triction apportée par les rédacteurs du Code aux droits exagérés concédés par la Convention aux enfants na‑ turels, il est difficile d'expliquer logiquement leur rigueur en ce qui concerne le droit pour ces enfants d'établir leur filiation. Il était fort juste en effet que la Conven‑ tion prit certaines précautions contre la recherche de la paternité devenue dangereuse depuis qu'elle avait pour objet des droits considérables ; et l'on peut même dire en considérant les conséquences de ce droit res‑ treint, qu'elle faisait aux enfants illégitimes une situation de beaucoup plus avantageuse que la libre recherche de l'ancien régime tendant seulement à l'obtention d'une créance alimentaire.

Les rédacteurs du Code voyant le danger de l'assi‑ milation complète des enfants naturels aux enfants lé‑ gitimes font avec raison justice du principe proclamé par la Convention. Mais, cela fait, il semble qu'ils eus‑ sent dû, sinon revenir au système de l'ancien droit, en ce qui concerne la recherche de la paternité, du moins se montrer plus larges que la Convention, car ayant réduit les effets de cette recherche, ils avaient moins à en craindre les dangers.

Au contraire, c'est la prohibition absolue qu'ils édic‑ tent.

Il nous faut donc chercher la cause de cette rigueur inattendue et c'est aux discussions qui précédèrent le vote de notre article que nous nous reporterons pour découvrir les influences nouvelles qui devaient amener l'avènement du nouveau système.

Disons d'abord que lors de l'élaboration du Code Civil les esprits étaient peu favorables aux enfants naturels ; les abus qui avaient résulté de la loi de Brumaire avaient indisposé contre eux l'opinion.

Si d'une part, en effet, on était accoutumé depuis de longs siècles a considérer comme absolu le droit pour l'enfant naturel de rechercher sa paternité, l'idée de souillure imprimée par l'Eglise au nom des bâtards était trop ancienne pour s'évanouir brusquement devant un texte de loi et l'on n'acceptait pas sans révolte leur admission dans la famille au même titre que les enfants légitimes.

Il en était résulté une double tendance, l'une favorable aux enfants naturels et voulant maintenir leur droit aux aliments (1), l'autre défavorable et contraire à la loi nouvelle qui en faisait lorsqu'ils étaient reconnus les égaux des enfants légitimes.

On trouve une preuve de la répugnance des juges, à interpréter rigoureusement la loi dans la circulaire suivante qui leur fut adressée par le Comité de Législation, organe de la Convention nationale le 6 floréal, an III.

---

1. Floréal an III. Dalloz, *répertoire de jurisprudence*. *Paternité naturelle*.

« Paris, le 6 floréal, l'an III de la République Française, une et indivisible,

« Les représentants du peuple composant le comité
« de législation, au tribunal du district de...

« Depuis longtemps, l'intérêt des bonnes mœurs et
« la tranquillité des familles exigeaient qu'on n'admît
« plus ces demandes scandaleuses en déclaration de
« paternité qui, à la honte de l'ancienne jurisprudence
« retentissaient tous les jours dans les tribunaux. Au-
« cune loi n'avait autorisé ces sortes de demandes ;
« elles n'étaient accueillies que par une jurisprudence
« dont l'usage avait prévalu. L'article 10 du Code Civil
« decrété dans la séance du 19 frimaire dernier, a
« comblé, à cet égard, les vœux de tous les amis de
« l'ordre social et de la vertu ; le tribunal ne peut
« se conformer avec trop de zèle à la disposition de
« cet article par lequel la loi déclare qu'elle n'admet
« pas la recherche de la paternité non avouée. Les bu-
« reaux de paix doivent étouffer dans leur principe ces
« demandes scandaleuses et les juges ont droit d'y
« refuser leur ministère.

« Les membres chargés de la correspondance.

« I. Berlier président, etc. (1).

Mais tandis qu'avec le souvenir s'éteignant graduel-
lement de l'ancienne jurisprudence qui accordait sans

---

1. Fenet. *Recueil complet des Travaux préparatoires du Code civil*, tome VIII, p. 223.

réserve aux enfants naturels le droit d'établir leur filiation, la première tendance allait s'affaiblissant, la seconde au contraire s'affermissait et avec elle l'usage pour les tribunaux d'interpréter la loi de Brumaire dans le sens le plus rigoureux (1).

En sorte que la possibilité pour quelques enfants naturels d'entrer dans la famille au même titre que les héritiers légitimes faisait oublier que la majorité de ces enfants n'avait plus même le droit de réclamer des aliments.

Cette mauvaise impression produite par la loi de Brumaire devait certainement influer sur le sort que devaient leur faire les rédacteurs du Code.

Toutefois il serait erroné de croire que la prohibition absolue fut votée unaniment comme une mesure indispensable et réclamée par l'opinion. Les esprits éclairés qui ne voulaient pas revenir aux abus de l'ancienne jurisprudence ne voulaient pas non plus sacrifier les enfants naturels et nous allons voir que jamais l'article 340, tel qu'il est rédigé, n'aurait dû figurer dans notre Code Civil.

1. An VII. Affaire Garaut. An XI. Affaire Sprimont. Dalloz *Répertoire de jurisprudence. Paternité naturelle.*

CHAPITRE III

Code Civil.

Lors de l'élaboration du Code Civil, la section de législation avait préparé un projet qui reproduisait la règle du droit intermédiaire « la loi n'admet pas la recherche de la paternité non avouée (1) ».C'était donc la loi de Brumaire que l'on consentait à reconstituer, rien de plus.

Le projet devant se transformer par la suite dans le sens de la prohibition absolue, nous devons trouver dans les discussions auxquelles il donna lieu les causes de cette modification.

De ces discussions qui sont au nombre de deux, la principale ne se produisit pas sur le projet intitulé de la *Reconnaissance des enfants nés hors mariage*, mais indirectement, à propos des actes de l'Etat Civil, sur l'article 60 du titre qui permettait à la mère naturelle, lors de la déclaration de naissance, d'indiquer le père de l'enfant ; c'est à la suite de cette dernière discussion qui eut lieu à la fois devant le conseil d'État et devant

1. Locré. *Législation de la France*, t. VI p. 30.

le tribunat qu'intervinr ent les réformes parlementaires
c onnues sous le nom d'épuration.

Dans la première qui se produisit en séance générale
du Conseil d'Etat le 26 brumaire an X (1) nous voyons
Cambacérés faire des efforts répétés pour qu'on atténue
par des exceptions le principe de la prohibition de la
recherche de la paternité non avouée, admis par la
Convention.

Selon lui, « il est impossible de ne pas faire une
« exception à ce principe lorsque le fait de la grossesse
« est accompagné de circonstances aggravantes telles
« que le rapt et le viol. Il serait immoral qu'un ravis-
« seur contre lequel la paternité aurait été prononcée
« à l'effet de le faire condamner à des dommages-inté-
« rêts ne fut pas réputé le père de l'enfant envers
« lequel il aurait été condamné, cependant cet incon-
« vénient serait inévitable si le ravisseur pouvait oppo-
« ser un principe général et non susceptible d'excep-
« tion ». Le consul rappelle ensuite qu'il a lui-même
proposé la prohibition absolue de la recherche de la
paternité non avouée, mais que les circonstances
étaient différentes ; alors, dit-il, la législation donnait
aux enfants naturels les mêmes avantages qu'aux
enfants légitimes ; il fallait donc multiplier les précautions contre l'abus de la maxime « *creditur virgini* »
et cependant le législateur s'était réservé de faire des

1. Locré, même ouvrage, Tome VI, p. 119-124.

exceptions pour le cas de circonstances aggravantes :
il était nécessaire surtout d'empêcher qu'une fille ne
vint, par une fausse déclaration, assurer à un enfant la
succession de celui qui n'en était pas le père. Le même
inconvénient n'existant plus puisque probablement on
n'accordera pas aux enfants naturels les avantages
que leur donnait la législation précédente, le consul
propose en conséquence de réduire la disposition au
seul cas de grossesse simple et de rédiger l'article
dans ce sens. « La loi n'admet pas la recherche de la
paternité non avouée pour le fait de grossesse, ou la
loi n'admet la recherche de la paternité que lorsqu'il
y a des faits graves tels que le rapt et le viol.

Deux orateurs, MM. Boulay et Tronchet approuvent
l'opinion de Cambacérès tout en restreignant aux seuls
cas de rapt et de viol les exceptions qui pourraient être
apportées au principe de la prohibition.

C'est alors qu'intervient le premier Consul. Les exceptions en cas de rapt et de viol obligeraient, dit-il, celui
qui serait attaqué à reconnaître un enfant malgré lui.
Or, cette reconnaissance forcée est contre les principes.
La loi doit punir l'individu qui s'est rendu coupable de
viol, mais elle ne doit pas aller plus loin. Et, sur l'observation de Cambacérès que l'individu condamné pour
viol ou rapt devrait être soumis aux devoirs de la paternité naturelle il ajoute que si la paternité pouvait être
prouvée il faudrait même condamner le coupable à
épouser la mère, mais que cette preuve est impossi-

ble ; que le crime d'avoir démoralisé la mère de l'enfant doit être réparé par une condamnation pécuniaire mais qu'il ne doit pas attribuer au coupable un enfant dont il peut ne pas se croire le père ; que l'intérêt de la société pourrait faire admettre la maxime contraire si elle devait produire des enfants légitimes, mais que la Société n'a pas d'intérêt à ce que les bâtards soient reconnus. Un tel avis valait un ordre et le Conseil vota que le principe de la prohibition ne recevrait aucune exception.

Nous acquérons au cours de cette discussion la certitude que le principe de la prohibition admis par la Convention était fondé, moins sur les abus provoqués dans l'ancien droit par la libre recherche que sur les dangers qui devraient en résulter avec les droits exagérés qu'elle aurait désormais sanctionnés.

Cambacérès nous l'apprend, et il n'hésite pas à demander la suppression des dispositions rigoureuses que, conventionnel, il avait voté contre les enfants naturels du jour où va disparaître l'exagération de leurs droits successoraux.

Aucun des membres qui prennent part à la discussion n'est d'ailleurs opposé à sa proposition ; seul, le premier consul se déclare impérieusement en sens contraire et ce, sous le prétexte que la preuve de la paternité est impossible et que la société n'a pas d'intérêt à ce que les bâtards soient reconnus. Cette seule intervention suffit pour décider que le principe de la prohibition ne recevrait aucune exception. Il nous reste toutefois à observer que, sur l'observation du ministre de la justice que la reconnaissance peut résulter d'un acte sous seing privé et d'autres circonstances tout aussi bien que d'un acte public, aucune objection ne s'éleva et l'on chercherait en vain dans les travaux préparatoires rien qui vienne justifier la rédaction définitive de l'article 334 admettant seulement la reconnaissance dans un acte authentique ou dans l'acte de naissance.

Mais, avant même que le projet ait été communiqué au tribunat, la discussion devait reprendre avec bien plus d'ampleur, à propos des actes de l'état civil; en même temps, en effet, qu'il discutait le titre « de la paternité et de la filiation », le conseil d'État avait déjà poursuivi pendant plusieurs séances l'examen du projet concernant les actes de l'État Civil.

Dans la séance du 2 frimaire an X où l'on discutait les énonciations que contiendrait l'acte de naissance (art. 57 du Code Civil) M. Regnaud (de St-Jean-d'Angely) dit que selon lui, on ne devrait pas être forcé de déclarer que la mère n'est pas mariée mais que, lorsqu'elle avoue ne pas l'être, il ne pourrait pas lui être permis d'indiquer le père de l'enfant; sans cette précaution, ajoute-t-il, on verrait encore des enfants attribués, par des déclarations malicieuses ou intéressées, à ceux sur la faiblesse ou sur la fortune desquels les mères auraient spéculé d'avance.

Il faut reconnaître que cette observation était juste
puisque le principe de la prohibition absolue venait
d'être voté par le Conseil d'Etat. Mais Cambacérès saisit là sans doute l'occasion de faire atténuer la rigueur
de ce principe en remettant en question le projet
qui avait prévalu quelques jours auparavant sur l'intervention du premier consul et il soutint qu'il serait
injuste de priver la mère du droit de désigner le père
de l'enfant. Il ajoutait d'ailleurs que cette désignation
ne devait pas devenir une preuve de la paternité. Le
premier consul accepta l'amendement de Cambacérès
en spécifiant que la mention faite par la mère ne vau-
drait que comme simple déclaration ; il faut avouer
qu'il manqua totalement de clairvoyance ; car, ce n'était
pas seulement bizarre d'introduire dans le code une
disposition dépourvue de tout effet juridique ; cette
mention pouvait encore, comme la menace d'un procès,
devenir, entre les mains de gens sans aveu, un instrument de chantage. Bien plus, la personne désignée
ayant le droit incontestable de démontrer la fausseté de
cette désignation, n'aurait pu y parvenir sans intenter
un procès d'où pouvaient naître toutes les difficultés
et tous les scandales qu'on voulait éviter en prohibant
la recherche de la paternité. Quoi qu'il en soit, on vota
la disposition additionnelle ainsi conçue. « Si l'on déclare que l'enfant est né hors mariage et si la mère
désigne le père, le nom du père ne sera inséré dans
l'acte de naissance qu'avec la mention formelle qu'il y

a été inséré par la mère », (1) puis, le projet pour les actes de l'état civil fut présenté au corps législatif et immédiatement communiqué au tribunal.

Il est aisé de comprendre que la discussion devait s'élever bien au-dessus du texte contesté ; les orateurs du tribunat ne pouvaient pas manquer de manifester leur opinion sur l'admission ou la prohibition de la recherche en discutant un article qui reproduisait, sinon dans ses effets, du moins dans sa forme, l'ancienne déclaration de la mère, prodrome de l'action en recherche de la paternité.

Déjà le tribun Duchêne rapporteur du projet, comme pour élargir le débat, avait prononcé les paroles suivantes après avoir rappelé le sens exact de la maxime du président Faber. « Je demande maintenant « si l'excès contraire influera autant qu'on le pense « sur les mœurs nationales ; s'il ne conduira pas à de « grandes injustices ; s'il ne produira pas le désastreux « effet, en réduisant de malheureuses filles au déses- « poir, de multiplier à la charge de l'état les enfants « abandonnés (2).

Douze tribuns prirent successivement la parole : sept se prononcèrent en faveur de la disposition additionnelle : ce furent Perreau, Roufoux, Duveyrier, Siméon, Andrieux, Huguet et Duchesne, les cinq autres, Benja-

1. Locré. *Ouvrage cité*. Tome 3, page 130.
2. Locré. T. III, p. 149-178.

min-Constant, Caillemer, Sedillez, Grenier et Parent-
Réal y furent opposés ; mais ce n'est pas à dire que
ces derniers se montrèrent partisans de la prohibition
absolue. Benjamin-Constant et Sedillez se prononcèrent
au contraire franchement pour l'admission de la recherche.

Les orateurs favorables à la disposition défendirent
avec une grande énergie le droit des femmes et des
enfants naturels.

« N'abandonnons pas sans appui, sans espoir, dit le
« tribun Perreau, la faiblesse séduite et trompée dans
« la vaine crainte de tel ou tel abus que la corruption
« peut faire d'une disposition bienfaisante. Il est temps
« de mettre fin à ce reproche qui serait ici comme dans
« tant d'autres circonstances trop fortement mérité que
« les lois faites par les hommes semblent n'avoir été
« faites que pour eux, soyons plus justes envers les
« femmes et ne nous prévalons pas toujours contre elles
« de la crainte des vices dont la première cause ne
« peut si souvent être imputée qu'à nous (1).

Mais les discours de Duveyrier et d'Andrieux sont
surtout remarquables, et les arguments employés de
tous temps par les adversaires de la recherche sont bien
faibles devant l'élan de leur magnifique éloquence.

C'est d'abord Duveyrier qui s'écrie (2) : « Mais entre

1. Fenet. *Recueil complet des Travaux préparatoires du
Code civil*, tome VIII, **p. 150.**

2. Fenet, même ouvrage, **p. 165** et suivantes.

« un homme coupable qui se cache et ne veut pas
« rougir et cette femme éplorée qui le désigne, s'élève
« l'enfant qui vient de naître, cet enfant qui n'a d'au-
« tre appui que la loi faite pour lui, d'autre protecteur
« que la société pour laquelle il existe. Ici la balance
« est rompue et le double droit des deux victimes, le
« droit de la maternité et le droit de l'enfance l'em-
« portent sur l'intérêt individuel et faux de l'impunité.

Puis plus loin et comme pour répondre à l'affirmation par le premier consul que la société n'avait
pas d'intérêt à ce que les bâtards soient reconnus.

« Je n'ai pas parlé de la règle moderne qui défend
« toute recherche de paternité. Elle ne fait point en-
« core partie du Code Civil et nous l'examinerons.

« Je la suppose ici, mais je ne l'adopte pas, si elle est
« absolue ; absolue je la combattrai comme injuste, im-
« politique et antisociale.

« Si toute recherche de paternité est interdite hors
« le mariage, si la mère naturelle n'a pas même le droit
« de solliciter, par un signe public, je ne dis plus la
« tendresse et la bienveillance, je dis la pudeur de
« l'homme qui l'a rendue mère, quel frein laissez-vous
« donc aux passions humaines, aux déréglements de la
« débauche.

« Les hommes garantis par la loi même du joug so-
« cial et forcés par la loi même à l'impudeur publique
« n'auront plus besoin du mariage et le repousseront
« même pour accumuler en despostes licencieux les

« plaisirs quelquefois partagés et le plus souvent arra-
« chés à la faiblesse.

« La population sera frappée ou confondue dans ses
« premiers éléments. Une nouvelle race, une popula-
« tion nouvelle d'enfants vulgaires, d'êtres isolés sans
« père, sans famille, sans ressources, sans aliments,
« fatiguant, épuisant la charité publique, pésera comme
« un fardeau infâme et bientôt dangereux sur la société
« tout entière ».

« J'admets l'article 60 » dit à son tour Andrieux, « je le
« défends précisément parce qu'il affaiblit la rigueur du
« principe qui interdirait la recherche de la paternité,
« principe que je n'admettrai pas, que je combattrai si
« on nous le présente à discuter » (1).

« Peut-être », dit-il, en parlant de la mère abandonnée,
« ira-t-elle dans son égarement déplorable jusqu'à atten-
« ter aux jours de son enfant », prévoyant ainsi les
infanticides et les avortements ces fléaux, qui menacent
notre société moderne et dont la fréquence est telle
qu'ils n'arrivent plus à émouvoir l'opinion.

« Quoi, s'écrie-t-il encore, d'un seul côté toutes les
« peines, toutes les inquiétudes, toutes les douleurs.
« Quoi, le sexe le plus faible serait encore accablé par
« la loi, la législation livrerait au désespoir la fille sé-
« duite et la jetterait en larmes et mourante aux pieds
« de son séducteur qui ne daignera pas lui tendre la

1. Fenet, ouvrage cité, p. 194, et suivantes.

« main pour la relever. Est-ce là le moyen de protéger
« les mœurs....

« On nous parle de femmes sans pudeur, sans honte,
« de femmes perdues de débauches ! Heureusement il
« s'en faut de beaucoup qu'elles forment le grand nom-
« bre. Mais l'homme sans cœur et sans entrailles qui
« abandonne celle qu'il a rendue mère, qui n'est pas tou-
« ché de l'idée que son enfant naîtra pour lui sourire,
« ce libertin endurci est-il donc si recommandable ?
« Vaut-il mieux que la femme débauchée ? Et la femme
« débauchée a été aussi une jeune fille innocente !

.   .   .   .

« Je me déclare donc franchement contre le principe
« barbare et dangereux qui interdirait toute recherche
« de paternité ».

L'adoption du projet sur les actes de l'Etat Civil fut
voté par le Tribunal à la majorité de soixante-quatre
voix contre vingt-six.

Les orateurs du Tribunat avaient combattu franchement l'opinion du premier consul ; mais on n'allait pas
tarder à savoir ce qu'il en coûtait de discuter la parole
du maître.

En eff t cinq jours après le vote du Tribunat le projet
était retiré par le gouvernement aux termes d'un message
consulaire adressé au Corps législatif, dans lequel il
dtait dit qu'il fallait attendre le temps « où l'on portera
« ans ces grandesis dcussions le calme et l'unité d'in-

tention qu'elles demandent » (1). Puis, deux mois plus tard, une autre mesure encore plus grave fut prise par Bonaparte à l'égard du corps législatif et du Tribunat; ce fut ce qu'on a appelé l'épuration. Le gouvernement fit choisir par le Sénat les membres de ces deux corps qu'il voulait faire comprendre dans le renouvellement partiel ordonné par la Constitution alors en vigueur, renouvellement qui aurait dû se faire par voie de tirage au sort. On élimina ainsi les législateurs et les tribuns connus pour leur indépendance, parmi lesquels figuraient les plus distingués par le talent, comme Benjamin-Constant et Andrieux. De plus le mode de délibération du Tribunat fut changé ; désormais il ne devait plus délibérer en séance publique.

Après cette épuration qualifiée par Laufrey dans son « *Histoire de Napoléon* » de « Coup d'état hypocrite plus odieux que les usurpations mêmes de Brumaire qui avaient du moins procédé à visage découvert » (2), le projet pour les actes de l'état civil fut de nouveau communiqué à la section de Législation du Tribunat qui fut d'avis d'éliminer la disposition votée, avant les modifications parlementaires; et son rapporteur, Siméon, déclara au Tribunat réuni en assemblée générale « que la recherche de la paternité non avouée devant être interdite hors du mariage la désignation du père serait sans but. »

1. Locré, ouvrage cité, 2. III, p. 2.

2. Laufrey. *Histoire de Napoléon* 1er, Tome II, p. 424.

Les réformes survenues dans la Composition du Tribunat ne laisseraient aucun doute sur la valeur de ces dernières délibérations ; mais nous n'en sommes pas réduits à de simples conjectures ; le tribun Duveyrier qui avait défendu si éloquemment le principe de la recherche soutient quelques mois après des opinions diamétralement opposées, payant de cette bassesse son maintien dans le Tribunat épuré (1).

Donc l'article 340 tel qu'il est rédigé n'aurait jamais dû figurer dans notre Code Civil, il y a été introduit par la volonté d'un despote et il n'a pas fallu moins qu'une sorte de coup d'état pour le faire admettre.

On sait l'homme qu'était Napoléon Ier « il professait « au sujet des femmes », dit Laufrey (2), des « opinions « à la Turque, d'un positivisme brutal et soldatesque « dont on ne trouve que trop de place dans la théorie « du Code et chose caractéristique il prétendait les mo- « raliser en abaissant leur condition ». D'ailleurs ici comme autre part il était porté par son système de gouvernement à offrir aux hommes en compensation de leur servitude les droits de toutes les femmes, qui réduites ainsi à merci leur donnaient le change sur leur nullité politique (3).

1. Léon Giraud. *La vérité sur la recherche de la paternité. Revue critique de Législation et de Jurisprudence*, Numéro août-septembre 1884. Tome XIII. p. 618 et suivantes.

2. Ouvrage cité.

3. Léon Giraud. Ouvrage cité.

Ne voyant les choses qu'au point de vue de son mons-
trueux égoïsme et sachant sa prédilection pour les
nombreuses armées permanentes peut-être, on l'a dit,
concevait-il la nécessité d'un article 340 sans lequel la
situation de ses légions de célibataires eut été difficile-
ment tenable. Peut-être aussi voyait-il l'utilité qu'il
pourrait tirer de ces enfants sans famille et sans foyer.
Si ces calculs n'existaient pas, ils sont vraisemblables
et l'on peut tout supposer de l'homme, qui disait devant les horreurs du champ de bataille d'Eylau « une
nuit de Paris réparera tout cela ».

Mais en laissant même ces hypothèses, on peut cer-
tifier qu'il ne devait pas supporter aisément que des
hommes aient osé publiquement combattre l'opinion
qu'il avait lui-même émise publiquement et que cette
atteinte à son orgueil, lui était une raison suffisante
pour imposer, si dangereuse fût-elle, la loi qu'on avait
osé lui discuter.

Parmi ceux qui avaient eu le courage de penser
librement, les uns comme Benjamin Constant et Andrieux furent exclus de leurs fonctions, les autres
comme Duveyrier y demeurèrent au prix d'une lâcheté
et la loi fut votée par des législateurs qui ne se sou-
ciaient plus de la discuter.

La prohibition fut donc admise sans restrictions.
Toutefois il faut se souvenir que, lors de la discussion
en séance générale du Conseil d'Etat, où le premier

consul s'était impérieusement prononcé contre la recherche, le projet d'article était ainsi conçu : « La loi n'admet pas la recherche de la paternité non avouée » et que nulle protestation n'eut lieu sur l'observation faite par le ministre de la justice que ces mots, *non avouée*, pouvaient viser aussi bien une reconnaissance résultant d'un acte sous seing privé ou de la possession d'état que celle résultant d'un acte authentique.

Rien par la suite n'indiquant la modification du projet dans un sens plus restrictif, il faut en conclure que l'article 340 n'a pas été voté tel qu'il est rédigé dans le Code civil, et qu'il faut attribuer, soit à une erreur matérielle, soit à une nouvelle intervention du premier consul, la suppression des mots, « non avouée » qui figuraient dans le projet.

Cette dernière hypothèse n'a rien d'invraisemblable, connaissant les faits que nous avous relatés.

On peut maintenant apprécier quelle part les représentants de la nation ont prise dans l'admission de la prohibition absolue de la recherche, et quelle insouciance des faits les défenseurs de l'article 340 ont prouvée en affirmant publiquement que cet article était l'œuvre des législateurs du Code, œuvre de civilisation accomplie conformément aux vœux de la nation tout entière.

DEUXIÈME PARTIE

CHAPITRE PREMIER

Les effets de la prohibition absolue.

Après avoir mentionné la règle « salutaire » de l'article 340, le tribun Lahary s'exprimait ainsi : « Combien « une telle loi aurait puissamment influé sur nos mœurs « il y a un demi-siècle et pourquoi faut-il qu'elle n'ait « été promulguée que de nos jours ! Mais quoique tar-« dive elle n'en aura pas moins les heureux résultats « qu'on doit en attendre puisque l'effet des bonnes lois « est d'amener insensiblement les bonnes mœurs (1).

Et plus tard, Cambacérès, développant le même argument : « Les mœurs auront des ennemies de moins, « et les passions un frein de plus. Les femmes devien-« dront plus réservées lorsqu'elles sauront qu'en cé-« dant sans prendre des précautions pour assurer l'état « de leur postérité, elles en seront seules chargées. « Les hommes deviendront plus attentifs et moins trom-

1. Locré. Ouvrage cité, tome VI. p. 122.

« peurs, lorsqu'ils verront que des promesses faites par
« le sentiment ne sont plus un jeu et qu'ils sont tenus
« de tous les devoirs de la paternité envers les enfants
« qu'ils auront signalés comme le fruit d'un engage-
« ment contracté sous la double garantie de l'honneur
« et de l'amour » (1).

Malheureusement la statistique est là qui vient dé-
mentir ces heureuses prophéties ; loin de devenir
meilleures, les mœurs se sont dépravées. Dix ans après
la loi de Brumaire an XI, Maleville disait déjà « qu'il
n'était pas constant que les filles soient devenues plus
chastes » ; et cette parole n'est devenue que plus vraie
après un siècle d'expérience.

C'est qu'en effet, nous dit M. Jacques Bertillon, « quand
« une femme s'expose à avoir un enfant illégitime elle
« n'a pas cette longue prévoyance que suppose un légis-
« lateur rentier, bourgeois et de plus quinquagénaire.
« Si elle réfléchissait si longuement, si elle prévoyait
« les choses de si loin, quelque douce que la loi puisse
« être pour elle, elle ne s'y exposerait pas. A ne con-
« sulter que la raison, disait Chamfort, quelle femme
« pour une épilepsie de quelques minutes se donnerait
« une maladie d'une année entière ? Et que serait-ce
« si elle réfléchissait à une existence entière de priva-
« tion et d'opprobre et au poids de ce fardeau terrible
« qui consiste à élever un homme de ses seules ressour

1. Fenet. Ouvrage cité. tome I. p. 148.

« ces qui le plus souvent lui suffisent à peine à elle-
« même ? Sans doute, si elle y réfléchissait..., mais
« elle n'y réfléchit pas. Les réflexions viennent plus
« tard » (1).

En admettant même que les conséquences funestes
de leur faiblesse soient de nature à rendre les femmes
plus fortes, et que suivant la comparaison de M. Za-
chariœ, leur vertu soit une citadelle dont il importe
d'augmenter la force de résistance, il n'eût pas fallu,
en même temps qu'on renforçait la défense, renforcer
aussi l'attaque « en dispensant généreusement l'homme
de toute réflexion désagréable » (2).

Aussi le nombre des unions illégitimes comme celui
des enfants naturels n'a pas cessé de s'accroître depuis
un siècle ; et si la prohibition de la recherche de la paternité n'est pas la cause unique de cette immortalité
elle en a été certainement le facteur le plus puissant.
Sans doute le développement considérable de l'industrie provoquant l'existence des grandes agglomérations
ouvrières et le travail hors de la famille, sans doute la
diffusion de certaines doctrines subversives et l'affai-
blissement des idées religieuses sont venus relâcher
les mœurs ; mais c'est alors que se faisait sentir plus
que jamais, la nécessité d'une loi civile enrayant le

1. *La statistique humaine de la France* (p. 101). Jacques
Bertillon.

2. Jacques Bertillon. Même ouvrage.

mal, à mesure que s'affaiblissait sur les consciences, l'autorité de la loi morale.

La statistique a démontré que dans les classes ouvrières surtout le concubinage a fait d'effrayants progrès. Le quart des ouvriers de Paris, nous dit M. Devinck vit en dehors du mariage (1). Et cela s'explique.

L'ouvrier qui se marie n'a pas à obéir, en effet, comme il arrive fréquemment dans les classes riches ou aisées, à certaines considérations de convenances ou de fortune ; le seul intérêt qui le guide est le plus souvent le désir de se créer un intérieur. Or, à moins que la dignité du mariage ne suffise à le faire préférer, à moins que le devoir, et non pas l'égoïsme et le souci du plaisir, guide le choix de l'ouvrier, le mariage doit fatalement être délaissé. Le concubinage offre en effet à l'ouvrier tous les avantages d'une union légitime sans en créer les charges, ou plutôt, les obligations qu'il entraîne sont lettres mortes, puisqu'elles n'ont aucune sanction. Il peut donc sans aucun risque contracter sous la garantie d'un honneur douteux et d'un amour fragile, toutes les obligations envers celle qu'il a choisie pour compagne, et fuir lâchement aux premiers symptômes de lassitude, à l'approche des premiers devoirs ; il sait l'article du Code ne permettant pas qu'on l'inquiète.

Ces faux-mariages, comme on les nomme, donnent

1 *Recueil de l'Académie de législation de Toulouse*, année 1874, t. 23, p. 302.

naissance à des enfants illégitimes dont la plupart ne sont pas reconnus par leur père ; car la faveur du concubinage a pour cause l'absence des devoirs, et ce serait accepter un devoir que reconnaître l'enfant qui en est issu.

De plus le nombre de ces enfants est encore considérablement accru par les séducteurs de toutes classes devenus plus forts de l'impunité que leur accorde la loi.

Si l'ancien droit « dit M. Laurent (2), donnait une
« prime aux prostituées, le nouveau donne un brevet
« d'impunité à une race qui n'est pas plus honorable,
« à la canaille en gants jaunes. L'expression est de
« Vauvenargues. Et, laquelle de ces canailles est la
« plus coupable : les infâmes qui ont joui des bienfaits
« de l'instruction et de l'éducation ou ces misérables
« nés dans la fange et élevés dans le vice. »

Les chiffres démontrent que ce ne sont pas là de simples déductions, mais la constatation rigoureuse de faits malheureusement trop bien établis. D'après le relevé officiel, le chiffre des naissances illégitimes qui était de 4.82 0/0 en 1830 est actuellement de 7.25 0/0, et sur les 75.000 enfants naturels, environ, qui naissent annuellement en France, un dixième à peine sont reconnus par leur père.

Le premier effet de l'article 340 a donc été d'ac-

1. *Principes de droit civil.*, tome III, p. 437.

croître le nombre des enfants illégitimes, en même temps qu'il a abaissé à un chiffre dérisoire le nombre des reconnaissances.

Voyons maintenant si la situation nouvelle faite à la mère et à l'enfant n'a pas provoqué des scandales plus profonds et créé pour la société un péril plus grand que ceux que l'on désirait éviter en prohibant la recherche de la paternité.

« Comme le fruit de l'union de l'homme et de la « femme n'est point une pure chose, mais une person- « ne, et comme la naissance de cette personne n'est « pas le fait de sa libre volonté, mais celui de la vo_ « lonté de ses parents, il suit, qu'en venant au monde, « l'enfant a le droit d'attendre de ses parents, non seu- « lement qu'ils ne le détruisent pas ou ne l'abandon- « nent pas au hasard, ainsi qu'ils pourraient le faire « d'une œuvre mécanique ou d'une chose indifférente, « mais qu'ils fassent tout ce qu'il dépend d'eux pour lui « rendre aussi agréable que possible l'existence qu'il « lui ont donné sans son consentement. Delà, donc, « avec le droit de l'enfant à l'égard de ses parents, « le devoir des parents vis-à-vis de leur enfant » (1).

Telle est la doctrine de Kant sur les rapports résultant du fait de la génération. Voyons comment les faits répondent, dans notre Société régie par le Code Civil,

1. *Eléments métaphysiques de la doctrine de Kant.* Traduits par Jules Barni. Introduction, p. 12.

à cette doctrine qui est celle du droit naturel et de la philosophie moderne.

Le droit de l'enfant vis-à-vis de ses parents n'est sanctionné que si les parents sont unis par le mariage ou s'ils l'ont reconnu par acte authentique. Dans le cas contraire, l'enfant pourra revendiquer ses droits vis-à-vis de sa mère, mais il dépend de son père, en ne le reconnaissant pas, d'échapper à tous ses devoirs envers lui. Il y a déjà là une violation flagrante d'une régle primordiale du droit, qui veut que chacun supporte les conséquences de sa faute. Les devoirs du père et de la mère se rattachent en effet, à une responsabilité qui a son origine dans l'acte même de la génération ; en admettant donc, ce qui est souvent au-dessous de la vérité, que la responsabilité de l'homme soit seulement égale, dans cet acte, à celle de la femme, il devrait participer au moins pour moitié aux obligations résultant de la faute commune ; et il conviendrait, en conséquence d'appliquer ici cet axiome, inscrit dans la Déclaration des Droits de 1793, « la garantie sociale consiste dans l'action de tous pour assurer à chacun la jouissance et la conservation de ses droits ». Or, l'obligation de l'homme reste dans le domaine de la morale, et nous savons non seulement que la grande majorité n'a pas le courage et l'honnêteté de la remplir, mais que beaucoup prennent plaisir à se créer des devoirs dont ils s'affranchissent à leur gré avec la complicité de la loi. Cette conséquence de l'article 340, déjà fort grave, puisqu'elle consacre l'inégalité de deux personnes responsables, en face de la même faute, ne serait qu'une atteinte à la morale si la mère était en état de supporter à elle seule les conséquences de la faute commise ; malheureusement il y a plus.

Il faut dire tout d'abord, que la majorité des filles mères, appartient à la classe laborieuse; celles des autres classes se trouvant par leur situation même plus protégées contre les séducteurs, et le séducteur étant à leur égard plus disposé, parfois même intéressé à réparer sa faute.

Si donc, l'homme qui parfois a employé pour la séduire toutes les ressources de son esprit et de son cœur, recule devant les conséquences de la faute commune, la mère n'aura pour y faire face, que le produit de son travail.

Mais, sans parler du temps où ce travail lui sera défendu par les souffrances et la faiblesse, où elle sera tout au plus capable de nourrir l'enfant, il est démontré que, dans les conditions économiques actuelles, une ouvrière, en la prenant parmi les plus habiles, ne peut qu'à grand peine subvenir à ses propres besoins, si minimes qu'ils soient.

« Mais déjà », dit M. Jules Simon dans l'*Ouvrière*, « pour montrer de plus en plus la nécessité de re- « constituer et de raviver la vie de famille, une femme « isolée ne peut plus vivre. Ce n'est un secret pour

« personne en industrie : tout le monde en convient et
« tout le monde le déplore, depuis les chefs des plus gran-
« de maisons de commerce jusqu'aux petites entrepreneu-
« ses qui travaillent elles-mêmes avec leurs ouvrières...

« Voici les faits dans leur inexorable évidence; l'ou-
« vrière qui gagne un salaire de deux francs, logée dans
« un taudis, misérablement vêtue, a 59 centimes par jour
« pour sa nourriture pourvu qu'elle ait le bonheur de se
« bien porter pendant 365 jours de l'année. L'immense
« majorité des ouvrières reçoivent 50 centimes et même
« 75 centimes de moins. Comment vivent-elles ? »...

« Les plus honnêtes et les plus heureuses échappent à
« la pire des corruptions en prenant un amant dans
« leur classe. Elles trouvent rarement un mari. Si ces
« pauvres filles isolées, qu'il est si facile de séduire à
« la première affection qui s'offre, tombent sur un mau-
« vais sujet, elles ne tardent pas à être abandonnées.
« L'ouvrier qui n'aime plus sa maîtresse, qui la voit
« malade, sur le point d'accoucher, et qui craint d'avoir
« à la nourrir, elle et son enfant, s'enfuit lâchement,
« cherche de nouvelles amours. Que deviendra cette
« malheureuse qui vivait à peine quand elle n'avait qu'à
« penser à elle seule? Où ira-t-elle avec son honneur
« perdu, sa santé détruite?

« S'il lui reste quelques agréments, elle forme de nou-
« veaux liens, court à un nouvel abandon, trop souvent
« elle tombe plus bas encore. Parmi les filles qui se li-
« vrent aux derniers désordres, on en cite qui ne recou-

« rent à la prostitution que pour pouvoir élever
« leurs enfants. Parent-Duchatelet en a vu une qui lutta
« si longtemps que, lorsqu'elle vint se faire inscrire, elle
« n'avait pas mangé depuis trois jours (*L'Ouvrière*, Jules
« Simon). »

Ainsi en admettant même que la fille en état de
grossesse puisse travailler jusqu'au dernier jour, en
admettant, ce qui est presque un badinage en regard
des faits, que cet état ne la fasse chasser de partout,
il lui sera impossible de subvenir à deux existences
alors qu'elle subvenait à peine à ses propres besoins·
Qu'en va-t-il résulter ?

Tout d'abord la mère n'ayant reçu pendant la période
de la vie intra-utérine, aucun des ménagements et des
soins que réclamait son état, donnera fréquemment
naissance à un enfant mort-né ; si l'enfant naît vivant,
ce sera le plus souvent un être chétif et mal constitué
qui, nourri par une mère qu'auront affaiblie la maladie
et les privations de toutes sortes, sera prêt à recevoir
tous les germes de mort.

D'où, mortinatalité et mortalité effrayante des enfants
de filles abandonnées.

Les enfants naturels présentés sans vie à l'officier de
l'État Civil, atteignent la proportion de 8,28 0/0 tandis
que celle des enfants légitimes mort-nés est seulement
de 4. 0/0.

La mortalité des enfants naturels dans l'année de
leur naissance atteint la proportion de 29, 8 0/0 tan-

dis que celle des enfants légitimes n'est que de
15 0/0 (1).

C'est donc le double d'enfants naturels mort-nés ou
mourant dans la première année. « Dans toute l'Europe »,
dit M. Bertillon, « les conditions mauvaises dans les-
« quelles vivent les illégitimes aggravent leur mortalité,
« cela est naturel ; mais nulle part ailleurs la différence
« n'est aussi énorme que dans notre pays, pourquoi ?
« Evidemment parce que nulle part ailleurs les conditions
« que leur font la loi et les mœurs ne sont aussi dures et,
« puisqu'il s'agit d'enfants nouveau-nés, nous avons le
« devoir de dire aussi injustes » (2).

Mais, ce n'est pas assez de la maladie et de la
misère liguées contre cet enfant innocent de la faute
qui l'a conçu, il reste encore le crime qui viendra bru-
talement éteindre « ce flambeau qui était une âme
humaine et que l'on avait soi-même allumé » (3) !

Souvent en effet, la mère, acculée à l'horrible situation qui lui est faite, commettra le crime sans être criminelle, tuant l'enfant parce qu'elle n'a pas de quoi le
nourrir, ou bien encore, devenue inhumaine, elle se
vengera sur l'enfant de l'inhumanité du père.

D'un rapport présenté à M. le Président de la République en 1880 par M. le garde des Sceaux Humbert,

1. Statistique de la France. Année 1881, p. 6 et 7.

2 Jacque Bertillon, ouvrage cité, p. 102.

3. Accolas, *le droit de l'enfant.*

sur l'administration de la justice criminelle e n France
de 1826 à 1880, il résulte que non seulement le n om-
bre des infanticides ét it en 1880 le double de ce qu'il
était cinquante ans a iparavant, mais que l'immense
majorité des victimes des infanticides sont des enfants
naturels.

Les enfants légitimes ne figurent en effet dans ce
nombre que pour une proportion de six pour cent. Or,
si l'on songe que, sur l'ensemble des naissances vivan-
tes les enfants naturels ne représentent qu'un peu plus
de sept pour cent, on arrive à cette solution que les
enfants naturels, quatorze fois moins nombreux que les
enfants légitimes, succombent seize fois plus à l'infanticide.

A côté de l'infanticide figure l'avortement qui a pris
aussi une telle extension que, suivant l'expression du
Dr Brochard, « on se demande avec effroi si, pour une
« certaine partie de la population, ce sont encore des
« crimes ou si ce ne sont pas plutôt des habitudes socia-
« les » (1).

Veut-on maintenant savoir ce que deviennent les enfants naturels qui échappent à toutes ces causes de
destruction.

M. Bérenger nous l'apprend en développant devant
le Sénat les motifs de sa proposition de loi.

« S'il arrive, dit-il, à braver toutes les chances de

_____

1. *De l'allaitement maternel,* p. 168.

« mortalité qui le menacent, et l'on sait qu'elles sont
« doubles pour l'enfant naturel, s'il échappe au crime
« que provoque parfois de la part de la mère le ressen
« timent de l'abandon, que va-t-il devenir entre les
« mains de celle qui a la charge de l'élever sans avoir
« les moyens de le nourrir ; ce sera le vagabond de la
« rue s'élevant tout seul, au hasard, échappant à tout
« moyen d'éducation, bientôt saisi par la prison, n'en
« sortant plus que pour retrouver les mêmes difficultés
« d'existence et le plus souvent voué sans ressources à
« la récidive. Ne voyez-vous pas que nous arrivons
« ainsi à créer un des dangers les plus graves qui
« puissent exister pour la société? »

Tout le monde connaît les statistiques de Parent Du-
châtel et qui a trouvé à Paris une prostituée sur trois,
issue d'une pareille filiation, et celle concernant les
conscrits réformés pour infirmité ou faiblesse de constitution pour lesquels la proportion est notablement plus
élevée, 35,50 0/0 contre 28 0/0 moyenne générale.

Quant à la criminalité des enfants naturels, nous ne
pouvons donner de chiffres exacts, car la statistique
judiciaire ne distingue point, parmi les jeunes prévenus,
les enfants naturels. Mais on sait que le nombre de prévenus de droit commun agés de seize à vingt et un an
a presque quadruplé depuis un demi siècle et que l'augmentation de la criminalité du jeune âge est causée surtout par l'abandon paternel. Or, il est intéressant de ci-

ter ce fait révélé par M. Devinck (1) « que sur 10.000 apprentis parisiens il en est plus de 10. 000, et la plupart sont des enfants naturels, qui jamais ne rentrent chez leur père et chez leur mère; dès qu'ils ont 15 ans ils ne connaissent plus aucune autorité. »

Connaissant ces chiffres on peut se faire une idée de la proportion d'enfants naturels qui doivent figurer, d'abord dans l'armée des jeunes détenus, puis dans celle des malfaiteurs.

A côté de ces conséquences directes de l'article 340 il en est d'autres qui naîssent des premières et qui sont, s'il se peut, plus redoutables encore ; car, si les premières constituent un danger pour la société en l'appauvrissant d'un partie de ses membres, en grossissant l'armée des criminels révoltés contre elle, les secondes, la visent au cœur, la troublent aux sources mêmes de son existence qui sont le respect et l'obéissance aux Lois.

On sait en effet qu'aux infanticides et aux avortements dont le nombre s'accroît sans cesse les jurés n'osent pas, le plus souvent, opposer la rigueur de la loi.

Sur cent femmes accusées et convaincues d'infanticide il n'en est pas une qui ne bénéficie des circonstances atténuantes. C'est donc l'indulgence de droit

1. *Recueil de l'Académie de législation de Toulouse,* année 1874, t. 23, p. 303.

contre le crime le plus odieux qui existe puisqu'il viole le sentiment le plus profond, la croyance la mieux enracinée dans nos cœurs et qui, souvent, survit à toutes les croyances, l'amour d'une femme pour son enfant.

A côté de l'infanticide vient l'avortement qui constitue, par sa facilité même, un grave danger pour la société, et qui voudrait en conséquence être l'objet de toute la sévérité des juges.

Or, les acquittements atteignent la proportion de quarante pour cent, et sur cent accusées déclarées coupables, soixante-dix-huit bénéficient de la déclaration des circonstances atténuantes ; (1) et, si l'on note que le plus grand nombre des crimes de cette espèce échappe aux investigations de la justice on voit aisément combien la répression est dérisoire contre l'envahissement du mal.

A l'indulgence des jurés pour ces crimes, il n'est qu'une raison, toujours la même ; la situation atroce faite à la mère à qui l'enfant, par suite de l'abandon du père, au lieu d'amener sur elle respect et protection, ne rapportera plus qu'infamie et misère ; le trouble qui envahit leur conscience de juges en entendant témoigner contre la malheureuse à jamais flétrie, l'homme, le vrai coupable, qui s'est enfui lâchement, laissant germer en elle la semence du crime.

Donc, par pitié pour la mère, les jurés violent la loi ;

1. Rapport officiel de 1883 (page **XV** et **CI**).

par pitié pour la mère et l'enfant les juges civils vont la violer encore ; ils ont en effet introduit à la règle de la prohibition absolue des adoucissements qui, nonobstant les théories imaginées pour les défendre n'en constituent pas moins une violation flagrante de la loi.

Se basant sur l'article 1382 du Code qui proclame la responsabilité à raison de tout fait dommageable et qui oblige l'auteur à réparer le préjudice causé par sa faute à autrui, la jurisprudence condamne dans une mesure de plus en plus large, le séducteur à payer à la mère des dommages-intérêts.

Il est facile de voir que c'est là une brèche faite au principe de la prohibition ; car accorder pour cause de séduction, une réparation pécuniaire calculée d'après le préjudice résultant de la grossesse, des frais d'accouchement, des dépenses nécessitées par l'entretien et l'éducation de l'enfant, c'est rechercher la paternité. Cela est si vrai que la Cour de Cassation avant de se prononcer sur la question, peu de temps après la promulgation du Code Civil, la trancha dans le sens de l'inadmissibilité d'une réclamation pécuniaire, déclarant que la paternité est indivisible, qu'un homme ne pouvait être père relativement à certaines conséquences de la paternité et ne pas l'être quant au reste de ces conséquences, et qu'une condamnation à des dommages-intérêts serait une violation de l'article 340. Et elle jugea de même en 1808, en 1810, en 1814.

C'est seulement en 1845, que saisie à nouveau, elle commença à juger différemment sans doute sous la pression des faits trop décisifs pour ne pas révolter la conscience des juges et depuis lors sa jurisprudence est constante.

La déclaration faite par les juges dans leurs considérants qu'ils n'entendent point admettre la recherche de la paternité, n'est qu'un hommage tout platonique au principe, « *dura lex sed lex* » ; en fait, ils tournent la loi.

Voici d'ailleurs le résumé de quelques décisions toutes récentes, relativement à notre matière :

Tribunal civil de la Seine, 5 février 1897 (1).

Commet une faute de nature à engager sa responsabilité le père de famille qui, ayant un fils encore mineur prend une jeune fille domestique et néglige de surveiller et de prévenir ceux-ci contre leurs propres écarts qui ont eu pour conséquence, à la suite d'un entraînement réciproque, la grossesse de la jeune fille ».

Déclarer que le père est responsable du préjudice résultant de la grossesse c'est dire que l'enfant est l'auteur de cette grossesse et par conséquent rechercher la paternité.

Tribunal de Corbeil 25 novembre 1896 (2).

« L'inexécution d'une promesse de mariage qui a

1. *Gazette du Palais*, année 1897, page 245.
2. *Gazette du Palais*, année 1894 supplément. page 14.

précédé et déterminé des relations illégitimes, peut donner lieu à des dommages-intérêts, alors surtout que ces relations ont été suivies de grossesse et d'accouchement ».

Donc une promesse de mariage qui pourra résulter d'un écrit sous-seing privé et même de la preuve testimoniale, s'il y a commencement de preuve par écrit, suffira pour que la paternité puisse être recherchée, car, si les relations ont été suivies de grossesse, le juge, en tenant compte de cette grossesse pour déterminer le montant des dommages-intérêts, déclare par cela même que le séducteur est l'auteur de la grossesse et père de l'enfant.

Bayonne, 8 mai 1897 (1).

N'est pas fondée l'action en dommages-intérêts formée par une personne qui prétend avoir été séduite et rendue mère, alors que plus âgée d'ailleurs que son amant, elle ne prouvait ni la promesse de mariage ni aucun fait de séduction ».

Il ressort de cette décision que, si la femme est moins âgée que son amant, elle aura toute facilité pour rechercher l'auteur de la grossesse, même plus âgée ; il lui suffira de prouver, soit une promesse de mariage, soit des faits de séduction.

En principe une fille qui se prétend séduite ne peut demander des dommages-intérêts.

Cependant si des faits lui permettent d'établir que

1. *Gazette des Tribunaux*, 13 octobre 1897.

loin de s'être rendue complice d'une faute, elle n'a succombé que pour avoir subi l'ascendant que pouvait exercer sur elle son séducteur par suite de l'inégalité d'âge, de position, d'intelligence, même de force physique, ces faits tombent alors sous l'appréciation du tribunal qui peut ordonner tout apurement utile, notamment la comparution des parties et dégager ainsi les éléments d'une responsabilité tombant sous l'application de l'article 1383 du C. Civil.

Donc, dans une certaine limite qui tend à s'élargir de plus en plus, la jurisprudence admet la recherche. Mais la nécessité où elle est de respecter la loi la conduit à cette conséquence absurde, que le séducteur est bien déclaré l'auteur de la grossesse quant à l'obligation de payer à la mère des dommages-intérêts, mais ne l'est plus quant aux obligations qui devraient résulter pour lui de cette reconnaissance judiciaire.

Soutenir juridiquement le bien fondé de cette jurisprudence nous ne l'essayerons pas, et cela, malgré l'autorité de Demolombe. « Autre chose », nous dit cet auteur, (1) « est la recherche de la paternité for-« mée par l'enfant ou en son nom afin de faire const.-« ter sa filiation et d'en obtenir les effets contre l'homme « qu'il prétend être son père, autre chose l'action en « dommages-intérêts formée par la femme pour la ré-« paration du préjudice qui lui a été causé par un

1. *Journal du Palais*, 1852, t II, p.365..

« homme sur la foi d'une promesse de mariage dont il
« s'est joué ensuite. Ces deux actions diffèrent sous un
« double rapport. 1º Des personnes qui y figurent ;
« dans l'une, l'enfant seulement, sans la femme, dans
« l'autre, la femme seulement, sans l'enfant. 2ª Des in-
« térêts qui s'y débattent : la première ne concerne
« que l'état de l'enfant, la seconde, tout-à-fait indé-
« pendante de l'état de l'enfant, ne concerne que les
« dommages-intérêts de la femme ».

Mais ne voit-on pas l'enfant apparaître à cette instance commencée par la mère, au moment où les juges
fixent le montant des dommages-intérêts en tenant
compte de sa naissance et condamnent le séducteur à
lui payer une pension jusqu'à l'âge où il pourra se suffire
à lui-même ; et peut-on dire que l'état de l'enfant n'est
pas en jeu et qu'il n'y a pas là recherche de paternité,
à moins d'approuver aussi cet arrêt de la Cour de
Toulouse du 28 novembre 1861, aux termes duquel la
mère est admise à prouver non pas que le séducteur
fût le père de l'enfant dont elle était accouchée, mais
qu'elle était devenue mère par suite de ses relations intimes avec lui.

C'est d'ailleurs ce que conseillait Marcadé « admet-
« tre les choses en écartant les mots, attribuer cons-
« ciencieusement à la victime toute la réparation qui
« peut lui être due, mais ne rien écrire dans les piè-
« ces de la procédure et surtout dans les jugements qui

« contienne une attribution de paternité, l'article 340
« ne le permettant pas ».

C'est le système suivi par la jurisprudence ; qu'il
prenne de l'extension et nous verrons bientôt le législateur s'en remettre au juge du soin de faire la loi
avant de l'appliquer.

La question change de face, s'il s'agit de justifier
en fait cette jurisprudence, insoutenable en droit ; et la
citation de quelques espèces contenant l'application
stricte de la loi démontre amplement que les tribunaux
n'ont fait qu'obéir à la pression des faits accusant trop
violemment l'injustice de la loi.

Un majeur de trente ans abuse de la crédulité d'une
mineure ; il se fait marier avec elle à l'Eglise seulement en lui persuadant la sainteté d'un tel serment et
l'indissolubilité des liens religieux.

Jugement du Tribunal de Bastia qui rejette la
demande en se fondant sur l'article 340 et confirmation du jugement sur appel (1).

Ou bien, c'est une mineure de 15 ans qui devient
enceinte des œuvres d'un homme de 35 ans (2).

Ailleurs c'est une cohabitation qui a duré des années et qui est brusquement interrompue par l'homme
après avoir produit 6 enfants (3).

1. Dalloz. *Répertoire au mot mariage*, n° 82.
2. *Cour de Cassation*, 26 juillet 1864. *Dalloz-périodique.*
3. *Cour de Caen*, 10 juin 1862. *Dalloz-périodique.*

Ce sont encore des promesses de mariage formelles, des reconnaissances de paternité sous-seing privé, qui sont vainement invoquées pour établir la filiation naturelle. (Cassation, 21 mars 1845. Cours de Montpellier, 10 mars 1851. Bordeaux, 5 janvier 1848. Dalloz périodique).

Quoi qu'il en soit, l'attitude des juges civils comme celle des jurés aboutit à l'inapplication de la Loi et cela seul suffirait pour nécessiter l'intervention du législateur.

« Sachons-le bien, dit « Monsieur Legouvé » (1) il « n'est pas d'atteinte plus profonde à la morale d'un pays « que la violation publique des principes de la justice. « La conscience générale se déprave par cette indul- « gence inique plus encore que par l'attentat, et à force « de voir absoudre le crime, les masses finissent par le « confondre avec l'innocence : purifions donc, purifions « notre code de cette immorale impunité qui pousse la « femme à commettre l'homicide et le juge à l'absoudre ».

Nous pouvons maintenant, reprenant les termes du tribun Lahary « que l'effet des bonnes lois est d'amener insensiblement les bonnes mœurs », dire que la loi prohibant la recherche de la paternité est une loi mauvaise.

Elle est injuste, car après avoir proclamé dans de nombreux articles l'autorité de l'homme sur la femme,

1. *Histoire Morale des Femmes.*

et ayant à départir entre un homme et une femme les conséquences d'une faute commune elle dégage de toute responsabilité le coupable représentant la force pour en écraser celui qui représente la faiblesse.

Elle est immorale : en effet, tandis que la mère est punie par sa faute même qui a pour suite la souffrance et le déshonneur, tandis que l'enfant, étranger à la faute de ceux qui l'ont créé, est condamné, s'il n'est pas la proie du crime ou de la maladie, à vivre une vie d'opprobre et de misère, le père, c'est-à-dire le plus coupable, n'a rien à craindre, rien à souffrir.

Une femme s'est donnée à lui, peut-être même a-t-il employé pour la posséder la ruse ou la force ; qu'importe ! un enfant naît, il abandonne la mère et l'enfant et peut s'en aller le front haut chercher d'autres femmes à séduire puis à abandonner ; l'opinion si dure à la femme tombée sera vis-à-vis de lui d'une inconcevable indulgence et l'homme qui, pour satisfaire un caprice, a voué plusieurs êtres à la honte et à la misère sera à peine moralement déconsidéré.

Elle est antisociale : « L'homme », a écrit Diderot, « vaut par le nombre ; plus une société est nombreuse, plus elle est puissante pendant la paix, plus elle est redoutable dans le temps de guerre ».

Or, notre société compromise déjà dans sa sécurité par l'inapplication des lois, par l'excessive criminalité des enfants sans père, encore grévée pécuniairement par la poursuite et la répression de leurs méfaits, est en outre atteinte dans le grand intérêt de la puissance nationale qui souffre de toutes les causes de décroissement de la population.

CHAPITRE II

Les arguments des partisans de la prohibition.

Connaissant les effets de l'article 340, il nous faut voir maintenant ce qui reste des arguments invoqués en sa faveur par les rédacteurs du Code, et qui, au dire des partisans de la prohibition, n'ont actuellement rien perdu de leur valeur.

Ces arguments sont au nombre de trois :

1° L'amélioration des mœurs.

2° L'impossibilité de la preuve de la paternité hors mariage.

3° La crainte du scandale.

1° *Amélioration des mœurs.* — Les effets de la prohibition suffisent pour démontrer combien l'espoir du législateur à été déçu et quelles tristes conséquences elle a eu pour la moralité publique.

D'ailleurs, avant que l'expérience fut faite et eût elle dû donner de bons résultats, ce n'était pas moins une morale bizarre que laisser au sexe qu'on s'accorde à reconnaître le moins raisonnable, le plus soumis à ses instincts, tous les devoirs, sans même le défendre contre les obsessions de l'autres exe, d'autant plus fort qu'il était sûr de l'impunité.

Le tribun Andrieux avait d'ailleurs relevé cette injustice et cette anomalie (1).

« Quoi, vous voulez des mœurs », disait-il « et vous « laisseriez au sexe le plus fort, le plus hardi, à celui à « qui la nature même a donné l'attaque, vous lui laisse- « riez liberté entière ! Que dis-je ? vous enflammeriez « ses désirs, vous exciteriez son impétuosité en le dé- « livrant de toute crainte, de tout souci, de la plus lé- « gère inquiétude, sur les suites de son entreprise ! « Les hommes pourraient faire à leur gré des victi- « mes, pourvu seulement qu'ils aient ensuite l'âme « assez dure pour les oublier !... Il est vrai qu'en ren- « forçant l'attaque on veut aussi renforcer la défense, « et pour cela on dit aux femmes : vous ne devez ja- « mais céder ; les hommes n'ont rien qui les arrête, « eux ; ils sont libres de vous perdre ; mais vous, ne « vous oubliez pas un instant car cet instant seul se- « rait celui de votre ruine totale ; vous vous mettriez « à la merci d'un pervers qui aurait le droit de vous « mépriser, de vous abandonner, de se féliciter de « votre misère... Est-ce de la justice ? Quoi ! d'un seul « côté toutes les peines, toutes les inquiétudes, toutes « les douleurs !... Quoi ! le sexe le plus faible serait « encore accablé par la loi ! la législation livrerait au « désespoir la fille séduite et la jetterait en larmes et

1. Fenet, *Recueil complet des travaux préparatoires du Cod Civil*, tome VIII, p. 196.

« mourante aux pieds de son séducteur qui ne daignera
« pas lui tendre la main pour la relever ! Est-ce là le
« moyen de relever les mœurs ? Vous laisseriez chez
« les hommes les passions sans frein, sans obstacle,
« sans le moindre danger ! Les femmes ont déjà le
« frein de la pudeur, celui des périls de toutes espèces
« auxquels elles s'exposent. Ne songez pas tant à ren-
« forcer la défense et occupez-vous beaucoup plus
« d'affaiblir et d'arrêter l'attaque. »

Mais à supposer que seule, la femme puisse dompter
ses instincts, réfréner ses passions pour n'obéir qu'à
la vertu ; que, non contente de se vaincre elle-même,
elle puisse résister encore à tous les désirs acharnés à
cette vertu comme la meute au gibier, alors, comme le
disait avec sa verve habituelle Alexandre Dumas fils :
« c'est l'homme qui serait le sexe faible ; il devrait donc
« laisser les femmes gouverner les empires et gagner
les batailles ».

Mais la femme n'a pas cette indomptable vertu et,
sur le point de tomber, elle n'envisage pas dans toutes
leur étendue les conséquences de sa faute ; car il faudrait aussi qu'elle prévoie la lâcheté de l'homme qu'elle
aime, et je ne sache pas que M. Cazot lui-même,
puisse lui imputer à crime de n'avoir pas cette prévoyance.

Nous nommons M. Cazot, car c'est l'honorable rapporteur du projet de loi Bérenger concernant la recherche de la paternité naturelle, qui a déclaré devant le

Sénat que les trois arguments donnés par le législateur de 1803 en faveur de la prohibition « ont conservé
toute leur force morale et juridique et qu'ils peuvent
défier la critique.

« Ils ont traité la femme », dit-il en développant sa
thèse « ainsi qu'elle doit l'être, comme une personne
de raison et de prévision, parfaitement en état de
calculer à l'avance les conséquences fâcheuses de sa
chute ».

M. Cazot n'a pas ajouté que les rédacteurs du Code
avaient aussi traité les hommes comme ils devaient
l'être, comme des êtres incapables de violer « des en-
gagements contractés sous la double garantie de
l'honneur et de l'amour » (1) ; mais c'est un oubli et
les statistiques sont là pour nous prouver mieux que
tous les discours que se réalisent chaque jour les heureuses prophéties des rédacteurs du Code.

Donc, tout est pour le mieux.

Sans doute, il y a l'accroissement des naissances illégitimes ; mais, à entendre M. Cazot, l'article 340 n'y
est pour rien ; c'est au développement de l'industrie
et des agglomérations urbaines que nous devons cet
accroissement ; d'ailleurs, les règles concernant la
paternité naturelle dussent-elles avoir sur lui quelque
influence, c'est la libre recherche qui le favoriserait et
non la prohibition puisque les chiffres de la natalité

____

1. Paroles de Cambacérès citées plus haut.

illégitime sont moins élevés en France, qu'en Bavière, en Autriche, en Prusse, pays qui admettent l'enfant à prouver librement sa filiation.

On peut répondre à M. Cazot, d'abord, que l'accroissement des naissances illégitimes n'est pas en corrélation absolue avec le développement de l'industrie et des agglomérations urbaines, puisque, d'après les relevés officiels, le chiffre des naissances illégitimes tend plutôt à décroître depuis 1861, ce qui n'est pas le cas pour la population industrielle et les agglomérations urbaines. Que, d'autre part, tandis que la proportion des naissances illégitimes en France atteint 7. 58 0/0, elle n'est en Angleterre, pays essentiellement industriel que de 6. 10 0/0, en Espagne, de 5. 10 0/0 et en Irlande, de 3. 24 0/0 (1) ; or, ces trois pays admettent aussi la libre recherche, ce qui invalide, au moins en partie, l'argument tiré par M. Cazot de la proportion des naissances illégitimes, en Bavière, en Autriche et en Prusse. Qu'en restera-t-il si l'on ajoute que les chiffres cités ne signifient rien et qu'il faut voir encore ce que deviennent les enfants illégitimes dont on a signalé la naissance.

En Bavière, par exemple, où leur nombre est très élevé, mais où la séduction par promesse de mariage est punie d'un emprisonnement de un à six mois, la

---

1. Maurice Block. *Statistique de la France comparée avec les divers pays d'Europe*. Tome I, p. 67-68,

naissance de l'enfant n'est le plus souvent qu'un acheminement à la légitimation par mariage subséquent.

Cette proportion considérable des naissances illégitimes comparée à celle de la France, devient moins probante encore si l'on songe que l'organisation de la prostitution qui existe chez nous, n'existe pas dans les pays cités par M. Cazot ; et l'on sait, que rien n'est moins fécond que la prostitution (1).

En un mot, ce n'est pas tant le nombre des enfants nés hors mariage qui est instructif ; c'est celui des enfants sans père, et c'est quant à ce nombre surtout, que la France a pris sur les nations admettant la recherche de la paternité une écrasante et déplorable avance.

D'ailleurs, M. Cazot eut-il raison, il resterait encore pour nier le bon effet sur les mœurs de l'article 340, les avortements, les infanticides, l'abandon des enfants naturels, leur proportion énorme dans le nombre des jeunes détenus et des malfaiteurs.

A tout cela, M. Cazot na rien répondu.

Apparemment, n'avait-il rien à répondre ?

Le second argument donné par les rédacteurs du Code à l'appui de la prohibition, est l'impossibilité de la preuve.

C'est le motif donné par le premier Consul au Conseil d'Etat, repris ensuite par Duveyrier après que

1. Voir Léon Giraud, *ouvrage cité*.

l'épur ation en eut fait un adepte du système de la prohibition.

« La nature », dit-il (1), « ayant dérobé ce mystère
« (la paternité) à la connaissance de l'homme, à ses
« facultés morales et physiques, aux perceptions les
« plus subtiles de ses sens comme aux recherches les
« plus pénétrantes de sa raison, et le mariage étant
« établi pour donner à la société, non pas la preuve
« matérielle, mais à défaut de cette preuve, la pré-
« somption légale de la paternité, il est évident, lors-
« que le mariage n'existe pas, qu'il n'y a plus, ni signe
« matériel, ni signe légal. Il n'y a plus rien qui puisse
« faire supposer même la fiction conventionnelle et
« sociale. La paternité reste ce qu'elle était, aux yeux
« de la loi comme aux yeux de l'homme, un mystère
« impénétrable ; et il est en même temps injuste et
« insensé de vouloir qu'un homme soit convaincu mal-
« gré lui, d'un fait dont la certitude n'est, ni dans les
« combinaisons de la nature, ni dans les institutions
« de la société. »

Mais, une fois reconnue cette impossibilité matérielle
de la preuve de la paternité ; une fois admis qu'une
présomption légale obviera dans le mariage seulement,
à cette impossibilité, il fallait n'y introduire aucune
exception, sous peine de voir s'effondrer toute l'argu-
mentation de Duveyrier.

1. Locré. *Législation de la France*, tome VI, page 320.

Si, hors du mariage, il n'y a plus, ni signe matériel, ni signe légal de la paternité, que signifie la reconnaissance du père ? et sur quoi s'appuie son affirmation que l'enfant est le sien ? Pourquoi encore admettre une exception au cas d'enlèvement ?

La vérité, c'est que cette impossibilité matérielle ne s'oppose pas plus à l'établissement de la filiation naturelle qu'à l'établissement de la filiation légitime. A défaut de paternité certaine, le législateur a dû établir dans le mariage une présomption légale pour obvier à cette incertitude qui eut donné naissance à des contestations d'état sans nombre et troublé profondément la famille et la société ; et il a donné comme garanties à cette présomption la constatation publique et solennelle de l'union des époux, et le devoir de fidélité qu'il s'est efforcé de rendre moins illusoire, d'une part, en donnant au mari, avec le droit de fixer le domicile commun, la possibilité d'une surveillance effective, d'autre part, en sanctionnant pénalement le délit d'adultère.

Ces garanties n'existant que dans le mariage, il ne peut plus être question hors le mariage de présomption légale de paternité. Mais, cette présomption qui milite en faveur des enfants légitimes en dehors de toutes preuves et qui ne peut même, en principe, être combattue, pourquoi défendre aux enfants naturels de l'établir sur certains faits dont ils auraient à faire la preuve à l'encontre du père supposé ?

D'ailleurs, c'est le législateur du Code, lui-même, qui nous montre la voie. Dans la reconnaissance, il admet la déclaration du père, non pas comme une preuve matérielle et certaine de la paternité, puisque cette preuve est impossible, mais comme une base suffisante à la présomption de paternité qui existe de plein droit dans le mariage. Au cas d'enlèvement, c'est le rapprochement des deux époques de la conception et de l'enlèvement qui sert de fondement à cette présomption.

Il resterait maintenant à démontrer que nul autre fait n'est susceptible au même titre que la reconnaissance ou l'enlèvement d'établir cette présomption et c'est là que nous attendons les défenseurs de la prohibition.

Il faudrait qu'ils établissent que la possession d'état, par exemple, qui est, nous dit Delvincourt (1) « de l'aveu des rédacteurs du Code, la preuve la plus forte et la plus solennelle, lorsqu'elle réunit le *nomen tractatus et fama*, n'est pas une base aussi stable à la présomption de paternité, qu'une reconnaissance authentique ou qu'un enlèvement. Or, ils ne l'établiront pas car M. Cazot qui a résumé dans son rapport tous les moyens de défense dont peuvent disposer les partisans du système du Code, y a vainement employé ses plus subtils raisonnements.

1. *Çours de Code civil*, 1ᵉʳ livre, page 387.

La possession d'état d'enfant naturel, nous a-t-il dit, serait, si on l'admettait à prouver la filiation, plus facile à acquérir que la possession d'état d'enfant légitime, puisque cette dernière doit relier l'enfant non seulement à son père et à sa mère, mais à la famille de son père et à celle de sa mère.

Mais, à ce compte, l'enfant légitime dont les père et mère n'ont pas de parents parce qu'ils sont eux-mêmes des enfants naturels, ne pourra pas davantage établir sa filiation au moyen de la possession d'état?

M. Cazot a dit encore que la possession d'état d'enfant naturel est équivoque, car si le père supposé avait voulu reconnaître son enfant, il avait simplement à se conformer à la loi en constatant authentiquement cette reconnaissance ; il ne faudrait pas d'ailleurs se faire une arme contre lui des bons sentiments qui l'ont poussé à s'intéresser à l'enfant en dehors de toute question de paternité.

Malheureusement pour ce raisonnement bien des causes peuvent motiver la conduite de l'homme qui, bien que donnant des soins à son enfant, refuse de le reconnaître.

Il a pu, par insouciance, remettre sans cesse au lendemain, comme une formalité ennuyeuse, la constatation authentique de sa paternité, et ce, d'autant plus aisément qu'il en remplissait d'ailleurs toutes les obligations ; il a pu surtout consentir à donner des soins à cet enfant sans vouloir cependant lui reconnaître les droits qui résulteraient pour lui d'une reconnaissance authentique ou même, se réserver, par ce défaut de reconnaissance expresse, le droit de se décharger, au jour où il les trouverait trop lourdes, des obligations qu'il s'était jusqu'alors imposées.

Il faut d'ailleurs reconnaître que M. Cazot a fait lui-même bon marché de ces deux premières objections, puisqu'il en met en ligne une troisième, qui serait plus décisive si elle était justifiée, la nécessité de sauvegarder le mariage.

Reconnaître, dit-il, aux enfants naturels, des droits fondés sur la possession d'état, ce serait consacrer les unions illégitimes, reconnaître une sorte de concubinat romain qui viendrait faire échec au mariage.

Mais est-il possible d'établir une comparaison entre le concubinat romain, union d'ordre inférieur mais union légale qui donnait à l'enfant un père certain, et l'union de fait qui lui permettrait seulement de soumettre aux Tribunaux la question de savoir s'il remplit les conditions nécessaires à l'établissement de sa filiation paternelle ?

Reste la crainte du scandale, qui est, à tout prendre, le plus sérieux des arguments invoqués par les défenseurs de la prohibition.

Mais, à le supposer même incontestable, à supposer que les actions en recherche de paternité soient seules de nature à provoquer le scandale et à favoriser le chantage, il faudrait mettre ce scandale en balance avec l'autre, celui dont nous avons parlé, qui résulte de la prohibition absolue et sème à profusion, dans cette société qu'on ne veut pas troubler, les crimes, la misère et la mort.

Son poids ne fût-il pas moindre, il faudrait voir encore si, plus que lui, le second n'est pas irrémédiable ; et cela même étant démontré faux, il resterait à savoir si, scandale pour scandale, il ne vaut pas mieux le voir naître pour le profit de cet enfant dont le droit est indéniable que pour la sécurité d'un père dénaturé, banqueroutier à tous ses devoirs.

Mais comme l'impossibilité de la preuve et l'intérêt des mœurs, la crainte du scandale est loin d'être un argument sans réplique.

Bien d'autres actions existent dans nos Codes, qui sont de nature à le provoquer, sans que l'on songe nullement à les supprimer.

« Le scandale, c'est l'objection » disait M. l'avocat général Fochier (1). « Elle ferait supposer, Messieurs, « que vous n'avez jamais à subir au grand jour de « la publicité de vos audiences, des enquêtes aussi « scabreuses, des révélations aussi indiscrètes, des « démonstrations aussi périlleuses que peuvent l'être « les plus délicates recherches de paternité. Ne con- « damnez-vous pas les femmes adultères et leurs com- « plices, les proxénètes, les libertins qui souillent

1. Discours du 3 novembre 1880.

« l'enfance? Ne découvrez-vous pas les plaies les plus
« secrètes et les plus douloureuses, quand vous sta-
« tuez sur le procès en séparation de corps, en désa-
« veu de paternité ou encore sur la demande d'un
« enfant qui réclame sa mère ? Ne jugez-vous pas
« les procès de séduction ? Dans toutes ces causes,
« civiles ou criminelles, calomnie et chantage trouvent
« un aliment ; chantage et calomnie peuvent être et
« seront punis avec un redoublement de sévérité, s'i
« le faut. Le vrai scandale, celui contre lequel s'insurge
« la conscience publique aujourd'hui, c'est celui de ces
« abandons, de ces misères imméritées, de la sécurité
« garantie au coupable ! »

« D'ailleurs » dit encore Delvincourt, « une femme
« a-t-elle moins à craindre un procès scandaleux ?
« Cependant, la loi tolère la recherche de la maternité
« même si la femme que l'on poursuit est mariée. Et,
« dans ce cas, sa situation ne sera-t-elle pas horrible ?
« ne se croira-t-elle pas obligée, même si elle est in-
« nocente, de faire tous les sacrifices possibles pour
« acheter la tranquillité et le bonheur de son ménage ?

D'ailleurs M. Cazot a reconnu que le scandale
n'était pas à lui seul un argument contre la recherche
de la paternité, pas plus qu'il n'en est un contre les
actions en désaveu, en divorce, en recherche de maternité ; dans ces dernières actions, nous dit en effet l'honorable sénateur, le procès porte sur des faits précis,
qui tombent sous le sens, qui peuvent être constatés

aisément, tandis qu'en notre matière, le scandale au
rait lieu en pure perte, la preuve de la paternité étant
impossible. Donc, suivant M. Cazot, lui-même, ce
dernier argument est obligé pour avoir quelque force
de s'appuyer sur un autre argument dont nous pensons
avoir fait raison : l'impossibilité de la preuve ; et, ceci
nous dispense d'y insister.

On peut dire maintenant que, des trois principales
objections élevées contre la recherche de la paternité,
aucun ne soutient une analyse sérieuse, et rien ne vient
contre-balancer les funestes effets de la prohibition.

A moins que ce ne soit le seul souci de ne pas porter
la main sur l'arche sainte, sur notre Code Civil qui
semble être pour ses défenseurs [au milieu de la trans-
formation incessante des idées et des choses qui constitue le progrès, une œuvre immuable et imperfectible.

Ce serait alors l'argument des barons Anglais refusant aux prélats d'admettre la légitimation par mariage
subséquent : *quod nolunt leges Angliæ mutare quæ
huc usque usitatæ sunt et approbatæ!* (parce qu'ils ne
veulent pas changer les lois de l'Angleterre suivies et
approuvées jusqu'alors).

TROISIÈME PARTIE

CHAPITRE PREMIER

Législation étrangère.

Nous connaissons le système de l'ancien droit et ses effets comparés à ceux de la prohibition absolue ; il nous reste à jeter un coup d'œil sur les systèmes adoptés actuellement par les nations civilisées pour essayer de dégager en tenant compte des temps et des milieux le mouvement de la législation dans le sens du progrès et pour y trouver un nouveau et solide point d'appui à la réforme dont nous nous sommes déclarés partisans.

Nous diviserons en trois groupes l'ensemble des pays dont nous voulons étudier la législation concernant les enfants naturels.

Le premier comprendra ceux qui ont adopté le système de la libre recherche : le second ceux qui tout en prohibant en principe la recherche de la paternité font à la règle de larges exceptions.

Le troisième, enfin, les pays qui font de la prohibition une règle absolue, soit qu'ils n'y apportent aucune **exception**, soit qu'ils se bornent à formuler des exceptions très peu compréhensives comme le viol et l'enlèvement.

Chacun de ces groupes se subdivisera lui-même en deux séries, l'une comprenant les différentes nations d'Europe, l'autre celles de l'Amérique.

Nous donnerons sur ces différentes législations un aperçu aussi exact que possible, mais non moins concis ; car le nombre de celles que nous désirons passer en revue est relativement considérable et certains développements nous entraîneraient loin hors du cadre que nous nous sommes tracés.

PREMIER GROUPE

Pays de libre recherche.

SYSTÈME ANGLO-SAXON.

Première série (Europe).

ANGLETERRE

Le droit coutumier anglais (common law) est très dur pour l'enfant naturel (bastard).

Cet enfant n'a, en principe, aucun droit, ni vis-à-vis de sa mère, ni vis-à-vis de son père alors même que sa filiation est établie.

Il est *filius nullius, filius populi.*

Toutefois, la *common law* reconnaît aux enfants

naturels le droit aux aliments ; à déduire logiquement toutes les conséquences du principe que le fils naturel n est le fils de personne, c'est à la paroisse qu'incomberait la charge de le nourrir ; mais ici, la *common law* s'écarte de la logique et pour dégrever le budget des paroisses, elle oblige d'une part la mère à nourrir son enfant naturel jusqu'à ce qu'il soit en âge de se subvenir à lui-même, et d'autre part, elle lui permet, lorsque ses ressources sont insuffisantes, de rechercher le père de l'enfant afin de lui faire supporter une partie de l'obligation.

La procédure permise à la mère pour arriver à la désignation du père de l'enfant, a varié plusieurs fois pendant le dernier siècle.

Avant 1835, la seule déclaration de la mère suffisait pour que l'homme désigné par elle soit condamné à l'épouser, soit à lui verser une pension dont le taux était fixé par le juge (1) ; l'homme était même emprisonné jusqu'à ce qu'il ait donné caution de nourrir l'enfant ou de comparaître à la première session pour y être jugé.

Cette procédure qui rappelle notre ancienne règle *Virgini prœgnanti creditur*, mais avec cela de plus grave qu'elle était suivie dans tous les tribunaux et qu'elle constituait à elle seule une preuve entière de

1. Blackstone. *Commentaire sur les lois anglaises.* Tome 2 age 246,

la paternité, donna lieu aux plus scandaleux abus (1).

C'est pour mettre un terme à ces abus qu'une loi intervint en 1835.

Aux termes de cette loi, l'exercice de l'action retiré à la mère était laissé à la paroisse seule ; de plus la désignation de la mère ne constituait plus à elle seule une preuve entière de la paternité, et la pension à payer par l'homme désigné, au cas de condamnation était fixée à une somme dérisoire, deux shillings et demi par semaine, soit trois francs dix centimes de notre monnaie.

Cette nouvelle loi n'arrêta pas les abus que l'on voulait éviter ; d'une part, les femmes qui spéculaient sur le scandale arrivaient, par la menace d'une dénonciation à la paroisse, au même but que par la menace d'une désignation au juge ; d'autre part les hommes devinrent plus débauchés, ayant moins à craindre les suites de leur dépravation, et le nombre des infanticides s'accrut considérablement.

Aussi une nouvelle réforme est-elle intervenue en 1872. L'action est rendue à la mère, la paroisse ne l'exerce plus que subsidiairement, au cas où le bâtard vient à tomber à sa charge.

La mère doit en principe présenter sa requête au juge de paix pendant la grossesse ou dans l'année qui suit l'accouchement ; toutefois ce délai n'est plus

1. Léon Faucher. *Etudes sur l'Angleterre*, Tome 2, p. 182.

imparti à la mère si le père a d'abord contribué volontairement à l'entretien de l'enfant.

La déclaration seule de la mère continue à ne plus faire preuve par elle-même. « Si la preuve fournie par la mère », dit la loi, » est corroborée en quelques points précis par une autre preuve, à la satisfaction des juges, ceux-ci peuvent déclarer que l'homme est le père présumé du bâtard ».

Quant au montant de la pension alimentaire à fournir par le père, le maximum en a été élevé par la nouvelle loi de deux shillings et demi à cinq shillings, soit six francs 25 centimes par semaine. Cette pension n'est en principe due par le père que jusqu'au moment où l'enfant aura atteint l'âge de 13 ans, mais l'obligation peut être prolongée par le juge jusqu'à l'âge de seize ans.

En somme le droit de l'enfant naturel en Angleterre se réduit à une pension alimentaire de 324 francs par an ; c'est l'estimer à peu de chose et l'on se demande ce que serait la situation faite à l'enfant, si, comme nous le dit Blackstone, on ne le croyait pas innocent de la faute de ses parents. Il semble que la législation, en Angleterre, n'a pas suivi le progrès des idées et qu'elle en est encore au temps où la naissance du bâtard lui était imputée à crime et le faisait exclure de toutes les dignités. (Blackstone, tome 2, p. 125).

Quant à la procédure actuellement suivie, elle a fait disparaître, ou à peu près, si l'on en croit les jurisconsultes Anglais, les abus auxquels donnait lieu autrefois la recherche de la paternité (1) (2).

La paternité n'est plus en effet déclarée que si la mère fournit des preuves sérieuses à l'appui de sa déclaration ; de plus, l'obligation étant tarifée favorise moins le chantage, enrayé d'autre part par les pénalités rigoureuses qui frappent la mère convaincue d'avoir fait une fausse déclaration.

En thèse générale, ces sortes d'action sont fort rares ; elles se règlent le plus souvent à l'amiable, le père aimant mieux reconnaître volontairement une paternité dont les charges sont légères que signaler publiquement son inconduite en s'exposant à une recherche judiciaire.

On ne peut nier cependant, que la législation anlaise concernant les enfants naturels est digne encore des temps où l'on pensait que l'enfant naît criminel du crime de ses parents ; elle ne répond en rien à la doctrine du droit naturel et de la philosophie moderne, se bornant à reconnaître aux bâtards le droit de ne pas mourir de faim. Et, comme le dit M. Lehr, « il est « permis de se demander si, à tant que d'exposer un

1. Consultation de M. Brisco Ray, rapportée par Alexandre Dumas fils. *La recherche de la paternité*, page 38.

2. D'après un ouvrage de Saunders « *The law and practice of orders of affiliation* ». La proportion des naissances illégitimes qui était en 1848 de 7 0/0 n'était plus en 1875 que de 4.80 0/0.

« homme à être moralement ou judiciairement contraint
« de se reconnaître père d'un enfant naturel, il n'y au-
« rait pas à eiller plus sérieusement aux intérêts de
« l'enfantqu'il accepte comme sien » (Lehr. *Droit civil
anglais*, p. 122 et suivantes).

Ecosse.

Le droit Ecossais présente certains rapports avec le
droit Anglais, mais aussi d'importantes différences.
(Bell. *Principles of the law. of Scotland*, 7ᵉ édition, p.
948-950).

Comme en droit anglais le bâtard n'a vis-à-vis de ses
père et mère aucun des droits reconnus aux enfants
légitimes, mais il peut être légitimé par le mariage
subséquent. De plus, son droit aux aliments est plus
largement consacré ; d'une part en effet, il n'y a pas de
maximum fixé au juge par la loi ; celui-ci a toute latitude pour en déterminer le montant eu égard aux ressources réciproques de la mère, du père et de l'enfant ; d'autre part, l'obligation alimentaire peut se pro-
longer indéfiniment si l'enfant est, à la suite d'incapa-
cités physiques ou mentales, dans l'impossibilité de
subvenir à ses besoins.

Quant à la preuve de la paternité, le droit Ecossais
s'inspire de ce principe qu'il faut sortir des règles nor-
males en faveur de la malheureuse mère. Celle-ci doit
tout d'abord faire la preuve de certains faits de nature
à établir le rapprochement sexuel à l'époque de la con-

eption et c'est seulement après avoir fourni cette preuve qu'elle est admise à la compléter par serment.

Législations Scandinaves.

« La recherche du père naturel est permise dans « toutes les législations scandinaves sans que la loi at- « tribue cependant d'autre droit à l'enfant sur les biens « de son père que celui d'être nourri et élevé à ses « frais et aux frais de sa mère » (1).

Danemark et Norvège.

Le Danemark et la Norwège sont encore soumis aux Codes civils promulgués par Christian V, alors que ces deux pays ne formaient qu'un seul royaume ; le fond du droit est le même sauf quelques différences provenant de ce que, lors de l'élaboration du projet de Code civil en Danemark, une Commission composée de Norwégiens fut admise à l'examiner et à proposer des modifications avant qu'il devînt exécutoire en Norwège.

La promulgation qui remonte pour le Danemark à 1683 date seulement pour la Norwège de 1688.

Conditions de l'enfant naturel.

Le champ de la filiation naturelle est notablement

1. Kœnigswarter. Ouvrage cité, page 91.

2. V. Anthoine de Saint-Joseph. *Concordance entre les Codes civils étrangers et le Code Napoléon.*, Danemark, pages 132 et suivantes. Norwège, tome 3, pages 1 et suivantes.

restreint dans les deux pays par l'assimilation aux enfants légitimes des enfants de fiancés et même de l'enfant né d'une femme non fiancée lorsque le père est
mort après avoir manifesté d'une façon évidente sa volonté de se fiancer.

1° *Reconnaissance volontaire.* — a. *maternelle.* —
En ce qui concerne la filiation maternelle une différence existe entre les deux pays. Tandis en effet qu'il
n'est pas fait mention dans le Code Norwégien de la
reconnaissance maternelle, qu'il est dit au contraire
que les enfants naturels héritent de *plein droit* de
leur mère, (article 125), l'article 225 du Code Danois
porte que ces enfants succèdent à leur mère, même. si
l'acte de reconnaissance n'a pas été lu publiquement
devant les Tribunaux. Donc une reconnaissance est
nécessaire en Danemark et ne l'est pas en Norwège.

b. —*Paternelle.* — Pour jouir des droits qui lui sont
reconnus dans la succession paternelle l'enfant naturel doit avoir été reconnu dans un acte lu publiquement
devant les tribunaux. Cette disposition est commune
aux deux codes (art. 105 et art. 225 *a contrario,* Danemark; art. 77 et 125 Norwège).

Effets de la reconnaissance volontaire. — Les enfants naturels ont dans les deux pays vis-à-vis de leur
mère et de ses parents la condition juridique d'enfants
légitimes (art. 225 Danemark, art. 78 et 125, Norwège); mais tandis qu'ils ont de *plein droit* cette situa-

tion en Norwège, ils ne l'ont en Danemark que s'ils sont reconnus.

Dans la succession paternelle, ces enfants, à condition qu'ils soient reconnus, prennent une demi-part en présence d'enfants légitimes ; en présence de tous autres héritiers, ils prennent la totalité de la succession (art. 223, Danemark et 126 Norwège).

Ils ont les mêmes droits dans la succession des parents de leur père, (art. 224 Danemark, art. 130 Norwège).

Enfants adultérins et incestueux. — L'article 227 du Code Danois reconnaît aux enfants adultérins le droit aux aliments et à l'éducation ; il ne parle pas des enfants incestueux, mais les jurisconsultes pensent que ces enfants ne peuvent être reconnus par leur père, mais succèdent à leur mère (note de M. de Stenfeld).

Le Code Norwégien donne au contraire à l'enfant incestueux les mêmes droits qu'à l'enfant naturel simple en ce qui concerne les droits successoraux et la faculté d'être reconnu par son père; il prohibe seulement la légitimation, à moins qu'il ne soit né d'un mariage contracté de bonne foi par l'un ou l'autre époux (art. 128, Norwège).

Reconnaissance forcée. — Le Code Christian est muet en ce qui concerne la recherche de la paternité ; mais comme il ne contient aucune prohibition, la jurisprudence reconnaissait à la femme le droit de prouver la paternité de l'homme qui l'avait rendue mère et de

lui faire supporter sa part dans l'entretien et l'éducation de l'enfant. Cette jurisprudence avait même été
consacrée en Danemark par deux ordonnances, l'une
de 1763, l'autre de 1839 qui fixait à 14 ans l'âge où
prenait fin la créance alimentaire de l'enfant contre son
père.

Deux lois récemment promulguées, l'une en Danemark, l'autre en Norwège sont venues combler la lacune du Code Christian en précisant les obligations du
père envers son enfant naturel, à défaut d'une reconnaissance volontaire, et les moyens de contrainte des-
tinés à assurer l'exécution de ces obligations.

Danemark.

*Loi du 20 Avril 1888 sur les allocations alimentai-
res aux enfants naturels* (1). — Aux termes de
cette loi l'obligation incombant au père naturel, conformément à l'ordonnance du 14 octobre 1763 et à la
proclamation du 6 Décembre 1839, article 1er, de
contribuer à l'entretien de l'enfant, pourra être prolongée à l'avenir jusqu'au moment où l'enfant aura atteint
dix-huit ans, s'il est établi que même après quatorze
ans accomplis, il a toujours besoin de secours. La
quotité et la durée de cette obligation devront être, en
cas de besoin, déterminées par l'autorité, (article premier).

1. *Annuaire de législation étrangère,* année 1888.

Le père doit encore supporter au moins la moitlé des dépenses occasionnées par l'accouchement (art. 2).

Si le père meurt, l'obligation alimentaire doit être payée comme une dette échue par la succession ; toutefois s'il laisse une veuve et des enfants légitimes, le paiement ne peut avoir lieu qu'au profit des enfants naturels conçus avant le mariage. Dans aucun cas la somme attribuée à l'enfant naturel ne peut être supérieure à ce qu'il aurait eu s'il avait été légitime (art. 3).

La loi étant muette en ce qui concerne les moyens de preuve, il faut en conclure que tous sont admissibles et que le juge a pleine liberté pour les apprécier comme il a pleine liberté pour fixer le montant de l'obligation du père.

NORWÈGE.

Loi du 6 juillet 1872 sur l'obligation alimentaire aux enfants dont les parents ne sont pas unis par le mariage (1).

Les dispositions de cette loi sont, à peu de chose près, semblables à celles de la loi Danoise ; elle contient pour le père, d'une part, obligation d'entretenir l'enfant proportionnellement à ses facultés et à celles de sa mère (art. 1); d'autre part l'obligation de contribuer aux frais occasionnés par l'accouchement et par la maladie (art. 4).

______

1. *Annuaire de législation étrangère*, année 1892, page 675 et suivantes.

Comme en Danemark, aucun maximum n'est fixé à l'évaluation de ces obligations.

Le père est tenu en principe jusqu'à ce que l'enfant ait atteint l'âge de 14 ans accomplis ; toutefois, au cas de besoin, son obligation peut être prolongée, et sans limite d'âge, contrairement à ce qui existe dans la loi Danoise.

La répartition de l'obligation entre le père et la mère doit être en principe établie d'après leurs facultés respectives mais d'autres éléments d'appréciation peuvent intervenir, par exemple, la faute plus grave de l'un d'eux dans leur union illégitime ; ce qui semble introduire dans une certaine mesure l'idée d'une peine, dans l'obligation qui incombe aux parents de nourrir et d'élever leur enfant naturel (art. 1).

Les dispositions concernant l'exécution de ces obligations en cas de mort du père ne sont pas les mêmes que dans la loi Danoise ; la créance alimentaire de l'enfant est payée non pas comme une dette échue mais comme un droit successoral qui peut se prendre seulement sur l'actif de la succession ; on ne retrouve pas l'exception établie en faveur des enfants légitimes et du conjoint, pour le cas où la conception de l'enfant naturel est postérieure au mariage d'où sont issus les enfants légitimes ; toutefois il ne peut recevoir en présence d'enfants légitimes ou de la veuve, plus qu'il n'aurait reçu si ses parents avaient été unis par le mariage (art. 18).

La loi de Norwège contient en outre de nombreux détails sur les précautions à prendre contre le père pour assurer l'exécution de ses obligations et les moyens de coercition à exercer contre lui s'il ne les remplit pas ; emprisonnement dans un établissement de travail obligatoire jusqu'à ce qu'il ait payé ou donné des sûretés (art. 10) : obligation, s'il veut sortir du royaume, de payer à l'avance les termes échus de la subvention ou de donner des sûretés (art. 14 et 15).

Procédure de l'action en recherche.

Article 21. — La naissance d'un enfant naturel doit être annoncée sur le champ au père présumé par les soins de l'autorité qui reçoit la déclaration.

Article 23. — Dans le cas où une subvention est demandée, s'il n'est pas jugé ou autrement établi que l'individu poursuivi soit le père de l'enfant, l'autorité supérieure, en lui notifiant sa décision, lui fixera un délai dans lequel il devra introduire une action en désaveu de paternité. S'il laisse passer ce délai et que l'autorité supérieure ne juge pas qu'à raison de circonstances particulières il y ait lieu de lui en accorder un nouveau, il devra être considéré comme le père de l'enfant en ce qui concerne les dispositions de cette loi. Au cours du délai, ou si l'action est introduite auparavant, tant qu'elle est pendante, la subvention ne pourra être exigée sauf dans les cas prévus aux articles 15 et 16.

Article 25. — Si le père présumé reconnaît avoir eu

des relations sexuelles avec la mère au temps où, d'après les explications fournies, doit se placer la conception il sera considéré comme le père de l'enfant. Si au contraire il le nie sans que le Tribunal juge les explications fournies, suffisantes pour accueillir ou pour rejeter sa dénégation le procès sera décidé par serment, portant sur le point de savoir si les intéressés ont eu des relations sexuelles à une époque qui sera déterminée par le Tribunal. Le serment sera déféré, en général au père présumé ; mais il pourra, dans des circonstances particulières, être déféré au contraire à la mère, par exemple lorsque le père présumé le demandera ou lorsque sa conduite ou son attitude pendant l'instance auront été de nature à ôter confiance en lui ou lorsque la mère aura fourni un commencement de preuve de l'exactitude de son assertion;

Il résulte de ces articles :

1° Que l'action ne peut en principe être intentée qu'après la naissance de l'enfant ;

2° qu'il existe contre l'homme désigné une présomption de paternité, présomption qu'il peut combattre, mais qui sera reconnue fondée :

a. — S'il avoue tacitement en laissant passer le délai qui lui est imparti pour intenter l'action en désaveu.

b. — S'il avoue expressément avoir eu des relations avec la mère au temps présumé de la conception.

c. — S'il dénie ces relations, mais que le tribunal rejette ses dénégations.

d. — Si le serment lui étant déféré il ne le prête pas.

e. — Si le serment, étant exceptionnellement déféré à la mère, est prêté par elle.

3 Que le tribunal recourt à la délation du serment dans le cas seulement où il ne trouve pas dans les preuves qui lui ont été soumises un élément suffisant pour prendre une décision.

Toutefois, si avant l'accouchement, l'homme que la mère entend désigner veut quitter le royaume, la déclaration de grossesse faite par elle sous la foi du serment suffira pour que l'autorité prenne contre le père présumé les précautions indiquées par les articles 14 et 15, et dans ce cas, le père pourra, avant l'accouchement, intenter l'action en désaveu de paternité. (art. 16)

Prescription.

Pas plus que la loi Danoise la loi de Norwège ne limite dans sa durée l'exercice de l'action concernant l'obligation alimentaire ; mais aux termes de l'article 5 l'action accordée à la mère pour faire participer le père aux frais d'accouchement et de maladie doit être intentée dans l'année qui suit la naissance de l'enfant.

Légitimation.

D'après le Code Christian, les enfants naturels simples sont légitimés dans les deux pays par le mariage subséquent des père et mère, indépendamment de toute reconnaissance.

Suède. — Code de 1734.

Ce code consacre formellement l'obligation pour le père et la mère de pourvoir à l'entretien de leur enfant naturel, et cela sans distinction entre les enfants naturels simples et les enfants adultérins et incestueux (article 7, Chap. VIII) ; mais il refuse en même temps à ces enfants tous droits successoraux, aussi bien dans la succession maternelle que dans la succession paternelle.

Cette disposition, qui semble au premier abord rigoureuse surtout si l'on songe à la situation avantageuse faite aux enfants naturels par les autres législations scandinaves, perd en grande partie sa portée lorsqu'on la rapproche d'autres règles du Code Suédois qui resserrent dans les limites fort étroites le champ de la filiation naturelle.

Ce code assimile en effet aux enfants légitimes, non seulement les enfants de fiancés, comme cela existe en Norwège et en Danemark, mais encore les enfants de la femme rendue mère sous promesse de mariage (ch. V, art. I) et les enfants de la femme violée (ch. VIII, art. 6) et de plus l'enfant naturel est légitimé non

1. Code Suédois, de la Grasserie.

seulement par le mariage mais par les fiançailles de ses père et mère.(ch. V, art. 1).

« Si les fiançailles et le concubinage se doublent de
« la grossesse de la fiancée, le fiancé sera contraint
« de célébrer le mariage même si les fiançailles
« avaient eu lieu sous conditions et si les conditions
« n'avaient pas été remplies ; si le fiancé refuse,le ma-
« riage sera réputé accompli et surtout quant aux
« biens cette disposition aura des effets importants.
« Il est impossible d'aller plus loin et de telles pres-
« criptions paraîtront étranges dans notre pays et à
« notre époque. Elles se comprennent mieux si l'on se
« reporte aux mœurs simples et patriarcales de la
« Suède, à la rigidité des principes du protestantisme
« du Nord, à la date de ce code et à la latitude du
« pays ; on y admire en tous cas un respect sincère
« de la femme qui a dû le mériter. Reste la difficulté
« de la preuve d'autant plus que la promesse d'épou-
« ser équivaut aux fiançailles mêmes ; le Tribunal est
« investi sur ce point d'un pouvoir discrétionnaire (1)...

Quant aux enfants naturels dont les mères n'ont pas été fiancées et ne peuvent invoquer une promesse de mariage ils ont droit seulement à des aliments ; mais, de même que la jurisprudence reconnaît à la mère le droit de prouver librement la promesse de mariage elle accorde sans limite à l'enfant le droit de recher-

---

1. Code Suédois, de la Grasserie.

cher son père et de le faire condamner à pourvoir à
ses besoins tant qu'il ne sera pas en état de se suffire
à lui-même.

Code Civil Allemand (1).

C'est seulement depuis 1896 que l'Allemagne a un
Code Civil.

Avant cette époque elle était régie par les lois des
vingt-six États qui se partageaient le territoire de
l'Empire, et cette législation, coutumière pour la plus
grande partie variait encore de province à province ou
même de district à district.

Quelques pays, la Prusse, la Bavière par exemple,
possédaient des Codes, mais ces codes n'avaient pas
seuls force de loi; ainsi, en Prusse, à côté du Code
Prussien, s'appliquait le droit commun Allemand, le
droit Français, le droit Danois et le droit Frison; enfin
sur tous ces droits venait se greffer dans chaque État
une multitude de lois et de coutumes locales.

« Quelle confiance », a-t-on dit, (discours de M. Nie-
berding, secrétaire d'État du ministère de la justice)
« l'homme du peuple, peut-il avoir dans le droit lors-
« qu'il voit, comme il n'arrive que trop souvent, que
« le droit de succession est absolument différent

1. Voir Meulenaere. *Code Civil Allemand.*

« dans deux localités qui se touchent ; ici, là femme
« est héritière, là elle n'a aucun droit de succession,
« ici les germains et les consanguins sont mis sur la
« même ligne, quelques pas plus loin leurs droits diffè-
« rent complètement. Dans une seule ville il y a deux
« droits, l'un pour la ville, l'autre pour les faubourgs,
« parce que cette ville, autrefois enfermée dans des
« murs, a reçu en ce temps concession d'un droit par-
« ticulier ; mais depuis longtemps elle s'est étendue au-
« delà de son enceinte sur la campagne environnante
« régie par le Landrecht Prussien ».

Une loi fédérale du 20 décembre 1873 a d'abord
rendu constitutionnellement possible la confection du
Code civil en faisant rentrer le droit civil dans le domaine des « lois d'Empire », puis les travaux commen-
cèrent dès le mois de mars 1874 ; une commission de
onze membres fut chargée d'élaborer un projet de
Code civil qui fut remis en 1887 au Chancelier d'Empire puis soumis aux universités, dont les observations
motivèrent certaines modifications.

Devant le Reichstag s'ouvrit une première discussion
générale qui dura du trois au six février 1896 ; la seconde lecture en séance générale dura du 19 au 27
juin et la troisième lecture s'ouvrit au trente juin pour
se terminer au premier juillet 1896 par un vote d'adoption. Le Conseil fédéral donnait son adoption au vote
le 14 juillet suivant, l'empereur le sanctionnait défini-
tivement le dix-huit avril et la publication suivait par

insertion au *bulletin législatif impérial* à la date du 24 avril 1896.

Le Code civil Allemand n'est devenu exécutoire qu'à la date du 1ᵉʳ janvier 1900.

Condition des enfants naturels.

Reconnaissance volontaire. — 1° *Ligne maternelle.* — La mère n'a pas à reconnaître son enfant, elle ne peut cacher sa maternité et l'acte de naissance doit contenir le nom de la mère à côté du nom de l'enfant.

La situation de l'enfant naturel vis-à-vis de sa mère est réglée par les articles 1705 et 1706.

Aux termes de l'article 1705 « l'enfant naturel dans ses rapports avec la mère et les parents de la mère a la position juridique d'enfant légitime. »

Art. 1706. — L'enfant naturel prend le nom de famille de la mère ; si la mère, à la suite de son mariage, porte un autre nom, l'enfant prend le nom de famille que la mère avait avant le mariage.

2° *ligne paternelle*, art. 1539. — La reconnaissance volontaire ne peut créer entre l'enfant et son père aucun rapport de filiation.

« La reconnaissance de l'enfant naturel par son père
« crée certains rapports de filiation. Le législateur al-
« lemand a jugé que ce système est contraire à l'es-
« prit du droit allemand et de nature à favoriser le

« concubinage. Il a donné au père d'autres moyens de
« procurer à son enfant naturel la position juridique
« de l'enfant légitime, spécialement la légitimation par
« mariage subséquent ou par déclaration de légitimité
« ou l'adoption » (1).

La reconnaissance volontaire pourra donc seulement
être invoquée devant les tribunaux pour contraindre
le père à remplir les obligations qui lui sont imposées
par la loi lorsque sa paternité est judiciairement établie.

Reconnaissance judiciaire. — Le législateur allemand, qui ne crée aucun lien de parenté entre le père
et son enfant naturel, ne l'exonère pas cependant de
toute obligation ; il est tenu de pourvoir à l'entretien et
à l'éducation de l'enfant comme aussi de rembourser à
la mère les frais causés par l'accouchement et par la
maladie ; et, s'il ne remplit pas de bon gré ses devoirs,
la mère et l'enfant ont pour l'y contraindre une action
devant les tribunaux.

A qui appartient l'action ? — A la mère et à l'enfant ;
la mère peut l'intenter à la fois pour son compte et
pour le compte de l'enfant, mais seulement si elle a été
nommée tutrice ; il faut remarquer en effet que l'enfant n'est pas sous la tutelle légale de sa mère à qui le
législateur a craint de confier dans tous les cas et
sans examen le soin de sauvegarder ses droits ; mais
rien ne s'oppose à ce qu'elle soit nommée tutrice.

1. Voir Code civil allemand, Meulneare, *p.* 461.

Moyens de preuve. — Article 1717. — Est réputé près de l'enfant naturel celui qui a cohabité avec la mère à l'époque de la conception, à moins qu'un autre n'ait également cohabité avec elle à cette époque. Néanmoins la cohabitation n'est pas prise en considération lorsque d'après les circonstances il est évidemment impossible que la mère ait conçu l'enfant d'après cette cohabitation. Est réputée époque de la conception la période de temps comprise entre le 181e et le 302e jour avant celui de la naissance de l'enfant y compris le 181e et le 302e jour.

Ainsi il suffit, pour établir la paternité, de prouver la cohabitation à l'époque légale de la conception ; tous les moyens de preuve sont d'ailleurs admis pour y parvenir, mais, la preuve une fois faite, le père peut encore faire tomber la présomption de paternité en établissant, ou bien que d'après les circonstances, une maladie grave, un accident il est impossible que l'enfant soit né de lui, ou bien encore, que durant la période légale de la conception, la mère a cohabité avec un autre homme.

Effets de la reconnaissance judiciaire.

1° *Pour l'enfant.* — Article 1708. — Le père de l'enfant naturel est obligé de lui fournir jusqu'à l'âge de 16 ans accomplis l'entretien alimentaire conforme à la condition de la mère. L'entretien alimentaire comprend toutes les nécessités de la vie ainsi que les frais d'éducation et les préparations à une profession. Si à l'époque où il a seize ans accomplis, l'enfant, par suite d'imperfections physiques ou mentales est hors d'état de pourvoir à son entretien, le père doit lui fournir l'entretien alimentaire même au-delà de cet âge.

1710. — L'entretien alimentaire se fournit au moyen d'une rente en argent. La rente est payable trois mois d'avance. Le père n'est pas libéré par le paiement anticipatif pour un temps plus éloigné.

1714. — La convention entre le père et l'enfant sur l'entretien alimentaire pour l'avenir ou sur une indemnité à fournir pour tenir lieu des aliments doit être approuvée par le Tribunal de tutelle. La renonciation gratuite aux aliments pour l'avenir est nulle.

Le père est donc tenu de pourvoir à l'entretien et à l'éducation de l'enfant et le taux de cette obligation n'est pas évalué d'après ses facultés personnelles mais d'après la condition de la mère ; elle prend fin en principe lorsque l'enfant a atteint l'âge de 16 ans, auquel âge il doit être capable de subvenir à ses besoins ; mais il n'y a là rien d'absolu et si l'enfant est dans l'impossibilité de pourvoir à son entretien sans que cette incapacité lui soit imputable, l'obligation du père subsiste aussi longtemps qu'il est nécessaire.

Certaines précautions sont prises en outre par le législateur pour assurer l'exécution rigoureuse de cette obligation ; elle doit être fournie en argent ; elle est payable trois mois d'avance ; le père n'est pas libéré par un paiement anticipatif pour un temps plus éloigné. La loi ne veut pas que le père se décharge de son obligation par le paiement en capital de la rente dont il est débiteur ; elle craint que ce capital ne soit plus facilement dissipé, ou que ce paiement en bloc ne facilite au père une transaction onéreuse pour l'enfant ; elle ne permet donc pas le paiement anticipatif pour plus de trois mois ou plutôt elle en soumet la validité à l'approbation du Tribunal de tutelle. Il était à peine utile d'ajouter que le père ne peut se faire consentir gratuitement et pour l'avenir une renonciation aux aliments.

2° *Pour la mère.* — Article 1715. — Le père doit rembourser à la mère les frais de son accouchement ainsi que les frais de son entretien pendant les six semaines après l'accouchement ; si, par suite de la grossesse et de l'accouchement, d'autres dépenses deviennent nécessaires, il doit rembourser les frais qui en résultent.

Il faut remarquer le soin méticuleux avec lequel le législateur précise le temps pendant lequel des secours seront dûs à la mère, de telle sorte qu'elle se trouve pécuniairement indemne des suites de l'accouchement sans pouvoir se faire de sa maternité illégitime une source de profits.

Prescription de l'action.

Article 1715 *in fine*. — « Le droit se prescrit par quatre ans. La prescription commence à l'expiration des six semaines après la naissance de l'enfant ». Cette prescription ne vise que l'action de la mère ; la créance alimentaire de l'enfant n'y est pas soumise. Le législateur en fixe le point de départ six semaines après l'accouchement ; il a pensé qu'il serait injuste de la faire courir contre la mère pendant le temps où la maladie la mettra le plus souvent dans l'impossibilité de vaquer à ses occupations.

Légitimation.

L'enfant naturel est légitimé de plein droit par le mariage de son père et de sa mère, et l'on n'a pas égard aux empêchements du mariage qui auraient existé au moment de la conception. Entre la crainte quelque peu chimérique de faciliter les unions illégales par l'espoir d'une régularisation postérieure et l'intérêt plus réel de l'enfant à la légitimation, le législateur a justement préféré le droit de l'enfant.

A côté de la légitimation par mariage, le législateur admet la légitimation par déclaration qui permet au père de demander et d'obtenir de l'autorité, dans certaines circonstances, la légitimation de l'enfant, indépendamment de tout mariage avec la mère. Cette légitimation est soumise à certaines conditions (art. 1725 à 1738) qui en font une reconnaissance volontaire circonscrite aux cas où le père ne peut légitimer son enfant par mariage subséquent ; mais cette reconnaissance donne à l'enfant, vis-à-vis de son père, la situation juridique d'un enfant légitime.

La légitimation par déclaration de l'autorité a quelques rapports avec la légitimation par rescrit de certaines autres nations (Espagne, Italie), mais elle est plus compréhensive. Tandis en effet que ces pays considèrent comme indispensable l'existence d'une impossibilité matérielle au mariage telle que le décès de la mère, elle est admise en Allemagne, au cas où, sans être matériellement impossible, le mariage ne peut être raisonnablement imposé au père.

Quant à l'utilité de cette légitimation elle est ainsi présentée dans l'exposé des motifs :

« Par cela même que cette légitimation diminue le
« nombre des enfants naturels et sanctionne les liens
« qui les unissent à leur père, elle concourt au bien
« public, constitue un véritable bienfait pour l'enfant
« et permet au père de réparer ses torts. Elle se jus-
« tifie d'emblée à côté de la légitimation par mariage
« subséquent pour le cas où la mort, la maladie ou la
« disparition de la mère a rendu le mariage impossi-
« ble entre elle et le père de l'enfant. Mais on s'est
« demandé si, à l'exemple de diverses législations

« étrangères, il ne convenait pas de limiter l'admissi-
« bilité de ce mode au cas où le mariage subséquent
« était devenu impossible, à raison du décès de la mère
« ou de telle autre cause analogue. En dehors de ces
« cas il a paru opportun de tenir également compte
« de ceux où le mariage, sans être matériellement im-
« possible, ne saurait être raisonnablement imposé au
« père, par exemple, parce que plus tard la mère
« s'est vouée à l'inconduite ou que d'autres obstacles
« sérieux s'opposent au mariage...

« Les objections qu'on pourrait faire valoir contre
« cette facilité relative perdent beaucoup de leur
« force si l'on songe que la légitimation par déclara-
« tion exige une décision des pouvoirs publics et qu'elle
« peut être refusée par eux, même en l'absence de
« tout empêchement légal.... Il importait d'autant plus
« de permettre la légitimation par rescrit dans ces
« hypothèses que le projet repousse l'institution fran-
« çaise de la reconnaissance des enfants naturels....
« L'institution de la reconnaissance est dangereuse
« en ce que, surtout dans les basses classes, elle encou-
« rage les unions libres et le concubinage et risque de
« troubler la vie de famille et la paix des ménages ».

Telles sont les raisons données par le législateur
Allemand pour justifier la légitimation par déclaration
et toutes nous semblent rigoureusement justes ; nous
exceptons toutefois la dernière concernant les dangers
de la reconnaissance telle qu'elle est pratiquée dans

notre Code Civil et dans les Codes qui nous l'ont empruntée; l'accusation portée contre cette institution de favoriser le concubinage est en effet très contestable et elle ne serait fondée, selon nous, que si la reconnaissance donnait à l'enfant vis-à-vis de son père des droits équivalents ou à peu près à ceux des enfants légitimes.

En somme deux idées ont guidé le législateur Allemand pour déterminer la condition des enfants naturels. La première est que ces enfants ont en principe les même droits que les enfants légitimes; la seconde, c'est que le mariage ayant été institué pour donner à la paternité une base solide à défaut de preuve matérielle et certaine, ce serait porter atteinte au mariage que faire produire à la paternité illégitime des effets équivalents ; aussi a-t-il réduit, dans ce cas, les droits de l'enfant au strict nécessaire, c'est-à-dire à une créance d'aliments.

C'est donc l'incertitude de la paternité qui fait restreindre les droits de l'enfant naturel.

Il en résulte que cette incertitude n'existant pas vis-à-vis de la mère, l'enfant naturel a de ce côté la même situation qu'un enfant légitime.

Au contraire aucun lien de parenté ne l'unit à son père; de ce côté en effet c'est l'incertitude qui règne ; le mariage a été institué pour obvier à cette incertitude en fondant une présomption légale de paternité et ce serait faire bon marché de l'institution que faire produire à la reconnaissance volontaire ou forcée des effets analogues ; aussi, l'intérêt de l'enfant disparaît-il ou à peu près devant le plus grand intérêt de la société qui est de sauvegarder le mariage.

Mais, qu'il soit démontré qu'une impossibilité matérielle ou morale a seule empêché le mariage du père avec la mère de l'enfant, alors l'institution de mariage n'est plus menacée ; l'intérêt de la société, loin d'être opposé à celui de l'enfant, vient d'accord avec lui réclamer ses droits ; et dans ce cas la paternité hors du mariage peut sans danger produire les mêmes effets que la paternité légitime ; il suffira donc au père de reconnaître son enfant et de soumettre au contrôle de l'autorité des obstacles qui se sont opposés à son mariage, pour que les mêmes liens qui en seraient résultés existent entre lui et l'enfant. Et c'est aussi qu'à côté de la légitimation par mariage subséquent le législateur Allemand a reconnu la nécessité d'une légitimation s'opérant à la requête du père, sous le contrôle de l'autorité supérieure.

En dehors de ces cas le législateur allemand n'a reconnu à l'enfant qu'une créance alimentaire ; mais cette créance lui est donnée avec toutes les garanties nécessaires pour que les obligations qui en résultent soient rigoureusement exécutées ; il peut à cet effet rechercher son père et cette recherche n'est limitée par aucune restriction. Un souci devait en résulter pour le législateur, celui d'éviter les abus inhérents à ces sortes d'actions lorsqu'elles sont trop facilement admises. Pour y parer, il a, en ce qui concerne la réparation due à la mère, évalué le préjudice de telle sorte qu'elle soit pécuniairement indemne des suites de sa grossesse sans y trouver jamais aucun bénéfice ; en ce qui concerne la créance alimentaire de l'enfant, d'une part, il en a calculé le taux, non pas d'après la fortune du père mais proportionnellement aux facultés de la mère, de telle sorte qu'elle ne puisse en profiter indirectement : d'autre part, il lui a refusé en principe l'exercice de l'action. La mère en effet n'est pas tutrice légale de son enfant. Sans doute la tutelle peut lui être accordée ; mais le Tribunal de Tutelle ne la choisira que si elle présente des garanties de moralité suffisantes pour ne pas se faire des droits confiés à sa garde un instrument de chantage et de scandale.

Suisse Allemande.

Deux populations bien distinctes se partagent les différents cantons qui composent la Suisse ; la plus nombreuse, de race germanique, habite les cantons du Nord, du Nord-ouest et de l'Est qui forment ce que l'on appelle la Suisse Allemande ; l'autre, de race Latine, a donné son nom à la Suisse Romande.

C'est le système de la libre recherche qui existe dans la Suisse Allemande ; il en est de même dans deux cantons de la Suisse Romande, Fribourg et les Grisons.

Les autres cantons de la Suisse Romande prohibent au contraire la recherche ; ce sont Genève, le Jura, le Tessin, Neuchatel et Vaud.

Le canton du Valais admet aussi la recherche, mais il spécifie les cas dans lesquels elle peut avoir lieu.

Parmi les codes des différents cantons de la Suisse Allemande, deux surtout ont attiré l'attention des jurisconsultes ; ce sont ceux de Zurich et de Glaris. D'ailleurs, à part le canton de Berne qui est le plus ancien en date (1824-1836) et qui refuse à l'enfant tous droits successoraux aussi bien dans la ligne maternelle que dans la ligne paternelle, les autres cantons de la Suisse Allemande sont dans leurs traits généraux conçus dans le même esprit que les Codes de Zurich et de Glaris.

Code de Zurich (1) (1844-1854).

« Le Code Civil du canton de Zurich, écrit M. Lehr,
« est, parmi les dix ou douze législations cantonales de
« la Suisse Allemande, la plus importante, non seule-
« ment à raison de l'étendue de la population et de la
« grande prospérité industrielle du canton qu'elle ré-
« git, mais encore et surtout à nos yeux à raison de sa
« valeur scientifique exceptionnelle et de l'influence
« prépondérante qu'elle a exercée depuis sa promulga-

1. Voir Lehr, Code Civil de Zurich.

« tion sur le mouvement juridique et législatif de la
« Suisse tout entière.

Reconnaissance volontaire. — Aux termes de ce
Code la filiation maternelle s'établit de plein droit par
l'acte de naissance. Cette disposition que nous retrou-
verons dans le Code Civil Allemand nous paraît très
juste, car aucun doute n'étant possible sur la filiation
maternelle de l'enfant, il semble inadmissible que la
mère puisse, en ne le reconnaissant pas, soumettre aux
difficultés d'une recherche judiciaire l'établissement de
cette filiation.

D'autre part, et dans le silence du code, on doit
décider que la reconnaissance volontaire de la paternité ne produit aucun effet lorsqu'elle a lieu indépendamment d'une déclaration de la mère.

Reconnaissance judiciaire. — L'action appartient à
la mère ; celle-ci doit, pendant sa grossesse, désigner
le père au conseil de la paroisse qui le fait comparaître,
le questionne et saisit de la demande le tribuual du
disctrict du défendeur ; si ce dernier a avoué devant
le Conseil de la paroisse, il faut néanmoins, pour que
la paternité soit valablement établie, qu'elle soit déclarée par le tribunal (articles 287-290).

L'action ne peut, en principe, être intentée que durant
la grossesse ; cette règle reçoit exception :

1° Lorsque la femme et l'auteur de la grossesse
étaient fiancés ; 2° lorsqu'il existe une reconnaissance
expresse et écrite du père ; dans ces deux cas la mère

a six semaines après la naissance de l'enfant pour intenter l'action (art. 284, 286); dans ces deux cas également, l'action qui ne peut en principe être intentée que du vivant du père et par la mère seule, pourra l'être par les héritiers de la mère et contre les héritiers du père.

L'article 291 permet au défendeur d'opposer à la mère les fins de non recevoir suivantes :

1° Il avait moins de seize ans au moment de la conception; 2° il était marié à l'époque de la conception et la demanderesse en avait connaissance; 3° la demanderesse était mariée à la même époque; 4° elle avait tout d'abord désigné un autre homme comme étant l'auteur de sa grossesse; 5° dans le courant des deux dernières années, elle a été fille publique ou s'est livrée à d'autres hommes pour de l'argent; 6° dans le même délai elle a vécu dans un lieu de débauche ou dans une maison de tolérance, ou elle a souvent fréquenté des lieux semblables; 7° elle a eu un genre de vie débauchée; par exemple elle a eu déjà plusieurs enfants naturels, ou a été condamnée pour adultère ou a entraîné le défendeur à la débauche.

Quant aux moyens de preuve, ce sont ceux de droit commun et le juge a plein pouvoir pour les apprécier.

Effets. — Tandis que l'enfant naturel occupe vis-à-vis de sa mère et des parents de sa mère la situation juridique d'un enfant légitime, aucun lien héréditaire ne l'unit à son père ; mais quant à l'entretien et à l'éducation ce dernier est tenu envers lui des obligations qui lui incomberaient à l'égard d'un enfant légitime (art. 294).

Il doit, aux termes de l'article 295, entretenir l'enfant proportionnellement à sa fortune et à la fortune de la mère sans que sa contribution puisse être moindre que la moitié jusqu'à l'âge de douze ans ; à partir de cet âge, tous les frais d'entretien et d'éducation tombent à sa charge exclusive.

D'autre part, si le père est hors d'état de remplir ses obligations, ses père et mère, bien qu'étrangers à l'enfant sont tenus de les supporter, et en cas de mort du père, son obligation incombe également à ses héritiers jusqu'à concurrence de l'émolument de sa succession.

Les effets de la reconnaissance judiciaire ne sont plus les mêmes lorsque les père et mère étaient fiancés ; dans ce cas l'enfant a tous les droits d'un enfant légitime.

Légitimation.

Outre la légitimation par le mariage subséquent le Code zurichois admet encore la légitimation par décision judiciaire sur la demande du père mais il faut pour que cette dernière légitimation soit possible :

1° Que la mère soit décédée ;

2° Qu'aucun obstacle ne se fut, de son vivant, opposé à son mariage avec le père de l'enfant;

3° Que les autorités tutélaires supérieures y donnen t leur consentement.

CODE DE GLARIS (1869-1874).

« Le code de Glaris », dit M. Lehr (1) « a, en bien « des points, sa physionomie originale. Il a de plus le « mérite d'avoir été rédigé par un des magistrats les « plus éminents et les plus considérés de la Suisse, « M. le Dr J.-J. Blümer actuellement président du Tri- « bunal fédéral de Lausanne, et de s'être assimilé les « qualités des législations les plus récentes de la Suisse « allemande et de l'Allemagne.

« Il appartient essentiellement à la famille des Codes « Germaniques mais sans étroitesse et avec le désir « évident de tenir compte des principes modernes ad mis « dans les pays latins dans la mesure où ces princi- « pes pouvaient s'accorder avec les habitudes juridi- « ques du peuple Glaronnais et avec des traditions « plusieurs fois séculaires; ce premier essai de conci- « liation mérite tout l'intérêt des jurisconsultes qui, « s'occupant de législation comparée ont en vue l'uni - « fication ultérieure du droit en Europe ».

Reconnaissance volontaire. — Comme le Code de Zurich le Code de Glaris est muet en ce qui concerne

____

1. M. Lehr. *Notice et introduction sur le code civil de Glaris. Annuaire de Législation étrangère.* Année 1874, p. 501.

la reconnaissance volontaire. La filiation maternelle est pleinement établie par l'acte de naissance et l'enfant a vis-à-vis de sa mère tous les droits d'un enfant légitime (art. 299) ; quant à la reconnaissance du père, elle ne peut fonder valablement sa paternité si elle est faite indépendamment de la déclaration de la mère et des formalités qui suivent cette déclaration.

Reconnaissance judiciaire. — Ce Code exige une déclaration préalable de la mère au ministre de la religion le plus voisin, dans les six premiers mois de la grossesse (art. 103).

A la suite de cette déclaration, une instruction est ouverte par le ministre de la religion qui confronte les deux parties et adresse un rapport au ministre du domicile de l'inculpé. Celui-ci fait comparaître l'inculpé devant lui et l'invite à reconnaître sa paternité et si ce dernier y consent, il lui fait signer la reconnaissance qu'il adresse à la plaignante par l'intermédiaire du ministre de sa résidence (art. 105).

A défaut de reconnaissance, l'affaire est déférée au Stillstand du domicile de l'inculpé qui cite devant lui les deux parties ; s'il y avait eu promesse de mariage le Stillstand cherche à y donner suite : si le prévenu s'y refuse mais avoue sa paternité il en donne acte à la plaignante (art. 106).

Un rapport est alors adressé au tribunal matrimonial avec copie des interrogatoires, puis l'instance commence, généralement un mois après l'accouchement (art. 107 et 108).

Si la paternité est avouée, le Tribunal se borne à reconnaître judiciairement l'inculpé comme père naturel et à déterminer ses obligations conformément à l'article 112 ; à défaut d'aveu le Tribunal décide si la plaignante doit être admise à prêter serment. Elle n'y est pas admise : 1° si au point de vue des mœurs elle a une mauvaise réputation ; 2° si elle s'est contredite dans ses déclarations touchant l'auteur de sa grossesse ; 3° si le fait du commerce charnel avec le défendeur ne correspond pas à l'époque probable de la conception ; 4° si en vertu d'une condamnation pénale antérieure elle est privée de ses droits civils ; 5° si à l'époque du commerce charnel le défendeur était marié et que la demanderesse en eût connaissance (art. 109 et 110).

Si la défenderesse est admise au serment elle doit le prononcer dans les termes suivants: « Je jure que pendant la période de temps du... au (de la 44e à la 36e semaine avant l'accouchement) je n'ai cohabité avec aucun homme qu'avec.., et qu'en conséquence il est le père de mon enfant. C'est ce que j'atteste aussi véritable que je prie Dieu de m'assister ». (art III).

Effets. — Lorsque la mère a prêté serment le défendeur est déclaré père de l'enfant ; il doit à la mère une indemnité de couches de trente à soixante francs et une pension alimentaire jusqu'à ce que l'enfant ait atteint l'âge de douze ans ; à partir de cet âge tous les frais d'entretien et d'éducation sont en principe à sa charge (art. 112).

Si les père et mère sont hors d'état de subvenir à l'entretien de l'enfant, il tombe à la charge de la commune, mais celle-ci peut y faire contribuer les plus proches parents des deux côtés. (art. 114).

Mais le Code de Glaris ne se contente pas de donner à l'enfant naturel la situation d'un enfant légitime vis-à-vis de sa mère et d'assurer dans la plus large mesure son entretien et son éducation, il lui donne encore dans la succession paternelle les droits les plus étendus. Ces droits sont en effet des trois quarts de part, en présence d'enfants légitimes, et de la totalité en présence de tous autres parents ; de plus, et si ses père et mère sont morts avant eux l'enfant naturel est placé, vis-à-vis de ses grand'parents et arrière grand'parents, dans la même situation que vis-à-vis de son père et de sa mère ; aucun lien ne l'unit aux autres parents paternels ou maternels (art. 298-300).

Légitimation. — Le code de Glaris ne connaît que la légitimation par mariage subséquent ; mais les enfants de fiancés ont les mêmes droits que les enfants légitimes.

Grisons (1). (Code de 1861).

Le Code civil des Grisons, dit M. de la Grasserie, est l'exposé fidèle des coutumes germaniques de la Suisse.

1. Code civil des Grisons de la Grasserie.

Si l'étendue du territoire où il est en vigueur est res-
treinte il peut être considéré comme un des types principaux de droit civil dans les cantons allemands qui ne
s'en écartent que dans les détails.

Conditions des enfants naturels.

Reconnaissance volontaire. — Du côté de la mère
il ne peut être question de reconnaissance. La filiation
de l'enfant est établie de plein droit par l'acte de naissance et il a les mêmes droits qu'un enfant légitime.

A l'égard du père, ce code est le seul qui donne à la
reconnaissance un plein effet indépendamment de toute
déclaration de la mère. Aux termes de l'article 71 « la
reconnaissance de la paternité faite hors justice aura,
étant prouvée, plein effet juridique ». La validité en est
indépendante de toute question de formes ; elle peut
être verbale ou écrite, expresse ou tacite.

Reconnaissance forcée. — Avant l'action en justice,
le bureau de conciliation compétent devra intervenir à
l'effet de décider le défendeur à reconnaître sa paternité ou d'obtenir un arrangement au sujet des presta-
tations à fournir.

A défaut de conciliation, l'action peut être intentée
par la mère en son nom ou au nom de l'enfant, ou par
l'enfant représenté par un tuteur ; elle n'est plus recevable lorsque six semaines se sont écoulées depuis la
naissance de l'enfant (art. 71).

La mère doit établir qu'elle a eu des rapports charnels avec le père présumé entre le trois centième et le deux cent vingtième jour avant l'accouchement ; il faut remarquer que la loi resserre, en notre matière, dans des limites plus étroites qu'en matière de filiation légitime, l'époque présumée de la conception.

Cette preuve peut d'ailleurs être faite par tous les moyens, et les juges ont plein pouvoir pour en apprécier la valeur (art. 73).

Le défendeur peut faire tomber la présomption de paternité établie contre lui en prouvant : 1° qu'il est impuissant ; 2° que la complexion de l'enfant ne répond pas à l'époque indiquée par la demanderesse comme étant celle de la conception ; 3° que la demanderesse a fréquenté d'autres hommes pendant la période de la conception ; 4° qu'elle a vécu en fille publique.

Lorsque le commerce charnel n'a pu être établi ou dénié d'une façon probante au moyen des preuves de droit commun, le juge peut alors, mais alors seulement déférer le serment à la demanderesse sur l'exactitude de ses assertions ; mais encore faut-il que la demande ait été rendue vraisemblable par certains faits postérieurs à la conception tels que la notification de la grossesse à l'homme désigné ou le fait de l'avoir indiqué lors de l'accouchement comme étant le père. Il faut de plus que la mère ait une bonne réputation. Si elle ne remplit pas ces conditions c'est à l'homme que le serment est déféré.

Effets. — La reconnaissance judiciaire, comme la

reconnaissance volontaire n'a d'autre effet que de contraindre le père à pourvoir aux besoins de son enfant naturel tant qu'il n'est pas en état de se suffire.

L'enfant n'acquiert aucun droit de succession sur les biens paternels.

Indépendamment de l'action en recherche de paternité qui ne peut être intentée qu'au nom de l'enfant la mère a une action personnelle pour obtenir du père le remboursement des frais causés par la grossesse et l'accouchement; mais les deux actions doivent être exercées conjointement et elles se prescrivent par le même laps de temps.

Il y a exception toutefois lorsque l'action de paternité n'existe pas, le père ayant reconnu volontairement l'enfant (§ 372).

Légitimation. — L'enfant naturel est légitimé : 1º par le mariage de ses père et mère, 2º par une déclararation aux termes de laquelle le père reconnaît l'enfant comme légitime, mais cette légitimation est soumise à plusieurs conditions ; il faut :

a. — Que la mère soit morte.

b. — Que la filiation ait été établie par le Tribunal. de Cercle du pays du père.

c. — Qu'aucun obstacle ne se fût opposé au mariage.

3º par décret du Tribunal de Cercle du pays du père. Mais ce troisième mode de légitimation ne concerne que les enfants de fiancés.

Fribourg. (Loi de 1870).

La loi Fribourgeoise a ceci de particulier qu'elle consacre à la fois le système de la prohibition et le système de la libre recherche.

D'une part en effet, la constatation de la paternité hors mariage avec tous les effets qu'elle comporte ne peut résulter que d'une reconnaissance volontaire faite soit dans un acte notarié soit dans une déclaration devant le président du Tribunal du domicile de la mère (art. 7 et 8) ; exception est faite à la règle dans les seuls cas de viol et d'enlèvement (art. 11).

D'autre part le titre III formule ce principe « que la mère d'un enfant naturel peut faire condamner celui qu'elle prouve en être le père à contribuer à l'entretien et à l'éducation de l'enfant.

Comme les autres cantons de la Suisse la loi Fribourgeoise renferme dans un délai très court (un an à partir de l'accouchement) l'exercice de cette action et spécifie plusieurs cas d'invraisemblance ou d'indignité.

Ce système est en somme celui du Code Français avec, en plus, la consécration et la réglementation de la jurisprudence qui reconnaît à la mère le droit à des dommages-intérêts calculés d'après le préjudice qui est résulté pour elle de la grossesse.

Et l'on peut lui faire le reproche que mériterait notre Code même si la jurisprudence dont il est question y

était légalement consacrée, de créer ainsi deux sortes
de paternité et de donner une prime à la résistance
injuste du père, en faisant produire à sa paternité, si
bien établie qu'elle soit, des effets très restreints pourvu
qu'il se soit obstiné à ne pas la reconnaître.

En somme nous trouvons dans l'ensemble des législations cantonales de la Suisse Allemande tous les
principes du droit Germanique concernant la condition
des enfants illégitimes. Certains codes contiennent
même, sauf quelques différences de détail, toutes les
dispositions de ce droit, que nous verrons condensées
dans le Code Civil Allemand : assimilation aux enfants
légitimes des enfants naturels à l'égard de la mère,
inefficacité de la reconnaissance volontaire hors du contrôle de l'autorité, dénégation de tout droit à l'enfant
naturel reconnu dans la succession paternelle; enfin,
légitimation par déclaration d'autorité à côté de la légitimation par mariage (Zurich). Mais certains cantons,
tout en conservant les règles du droit germanique en
ce qui concerne l'établissement et les effets de la filiation maternelle, ont introduit dans leur code des dispositions empruntées aux pays de civilisation latine et
reconnaissant à l'enfant naturel la qualité d'héritiers
dans la succession paternelle (Glaris, Fribourg).

Quant aux moyens de preuve admis pour établir la
paternité certains cantons, comme celui de Zurich, sou-
mettent notre matière aux règles du droit commun ;
d'autres comme Glaris admettent en première ligne le

serment déféré à la mère, sous certaines conditions de moralité ; d'autres encore, comme les Grisons, ne défèrent le serment confirmatoire à la mère ou le serment purgatoire au défendeur que si les preuves de droit commun n'ont pas été suffisantes pour convaincre le juge.

Les précautions prises, dans l'ensemble des législations cantonales, contre les abus à redouter de l'admission sans restrictions à la preuve toujours incertaine de la paternité, sont de deux sortes ; d'une part, examen de la moralité de la mère qui sera fait de plein droit par le Tribunal avant de l'admettre au serment ou sur l'exception d'inconduite opposée par le défendeur ; d'autre part, limitation dans un délai très bref de l'exercice de l'action, de telle sorte que les relations charnelles qui constituent le fondement de la paternité soient plus facilement prouvées, étant plus récentes.

Toutefois, ces précautions sont bien insuffisantes et il ne faut pas se dissimuler les dangers des législations cantonales qui admettent au rang d'une preuve le serment de la mère, surtout lorsqu'elles accordent à l'enfant non pas une simple créance d'aliments, mais des droits dans la succession paternelle.

En Suisse même où les mœurs sont demeurées plus simples et plus pures que dans la plupart des nations Européennes ce système n'a pas été sans provoquer de graves abus. On lit en effet dans une brochure de

M. Vigier, président du tribunal de Soleure (1) :

« Que de prescriptions empruntées à la barbarie du
« moyen âge ! Que de lois imprudentes qui abandon-
« nent au caprice d'une fille éhontée l'attribution des
« charges de la paternité, pourvu qu'elle fasse serment
« que du 300ᵉ au 180ᵉ jour avant la naissance elle n'a
« pas eu de relations avec un autre homme ! Que de
« fois ne voit-on pas des prostituées se vanter d'avoir
« juré pour les jours et non pas pour les nuits ! Que de
« scandales à déplorer dans ce canton de la Suisse
« orientale où la loi oblige solidairement au service
« des aliments tous les pères présumés d'un enfant
« naturel !

Sans doute ces reproches sont exagérés en ce qui
concerne les principaux cantons de la Suisse, car,
nous l'avons vu, ceux même qui donnent force de preuve au serment de la mère n'admettent celle-ci à le
prêter qu'après avoir préalablement examiné si sa conduite l'en rend digne.

Mais il n'en reste pas moins vrai qu'un système donnant à la mère de telles facilités pour établir la paternité n'est pas recommandable et que ses dangers doivent s'accentuer, à mesure que, sous les influences
extérieures, s'altérera davantage dans les cantons de
la Suisse l'antique pureté des mœurs.

1. *La Suisse et ses législations* traduction de M. Fick, avocat
à Genève, page 16.

Code Civil Autrichien (1). (1811).

Aux termes de ce Code l'enfant naturel qui a, en principe, vis-à-vis de sa mère la situation d'un enfant légitime, se voit refuser tous droits successoraux dans la succession paternelle. Mais il a le droit d'exiger indistinctement de l'un ou de l'autre de ses parents l'entretien et l'éducation conformes à leur fortune, cette obligation étant mise principalement à la charge du père.

En conséquence, la filiation paternelle peut être librement recherchée lorsqu'elle n'a pas été valablement reconnue.

Reconnaissance volontaire. — Elle résulte de l'inscription du père sur le registre des naissances ou des baptêmes, alors même qu'elle a été faite sur la déclaration de la mère, à la condition, dans ce dernier cas, que le père y ait consenti et que son consentement ait été constaté par le témoignage du curé et du parrain (art. 164).

Reconnaissance judiciaire. — La paternité est déclarée : 1° lorsque, même extrajudiciairement, le père s'est reconnu l'auteur de la grossesse ; 2° lorsque la preuve a été faite, par tous les moyens, de la cohabitation du défendeur avec la mère entre le dixième et le septième mois avant la naissance.

1. Anthoine de St-Joseph. Tome I, tableau 75.

Effets. — Ce sont les mêmes que la reconnaissance soit volontaire ou forcée. Lorsque la filiation de l'enfant est établie vis-à-vis de son père c'est désormais à celui-ci qu'incombe la charge de son entretien et de son éducation, la mère n'en est plus tenue que subsidiairement (art. 167).

Quant aux droits successoraux l'enfant a vis-à-vis de sa mère la position juridique d'un enfant légitime ; mais il n'a aucun droit à la succession paternelle.

Légitimation. — Elle a lieu par le mariage subséquent et par rescrit du prince.

HONGRIE (1).

Il résulte d'une note adressée sur sa demande à M. Jonnesco par M. le Dr Stiller Mor, avocat notable de Buda-Pesth, que la recherche de la paternité est admise en Hongrie comme en Autriche ; l'action donnée à cet effet est appelée action pour l'adjudication de la paternité.

La mère doit prouver qu'elle a eu commerce avec l'homme désigné par elle du trois centième au cent quatre-vingtième jour avant la naissance. La preuve se fait par les moyens ordinaires.

Cette procédure au dire de M. le Dr Stiller Mor, n'entraîne aucun abus. Le défendeur peut d'ailleurs rejeter

---

1. Jonnesco. *Recherche sur la filiation naturelle*, p. 343-344.

la demande en prouvant que la mère a eu des relations avec un autre homme.

L'enfant naturel succède à sa mère, mais non à son père ; celui-ci est tenu seulement de pourvoir proportionnellement à sa fortune, à l'entretien de l'enfant jusqu'à sa quatorzième année.

LÉGISLATIONS DE L'AMÉRIQUE
Etats-Unis de l'Amérique du Nord

La législation des Etats-Unis de l'Amérique du Nord a des liens étroits avec le droit Britannique, mais elle tend à une amélioration très accentuée de la condition des enfants naturels. Non seulement on admet dans bon nombre d'états la légitimation par mariage subséquent mais on accorde à l'enfant des droits dans la succession maternelle. Quant au père il est tenu comme en Angleterre, mais dans une mesure plus large, de pourvoir à l'entretien de son enfant.

L'exercice de l'action donnée à cet effet contre lui n'appartient pas, en principe, à la mère ; il est réservé aux officiers municipaux. Mais les cours d'équité ont largement tempéré cette rigueur et la législation semble suivre le mouvement indiqué par la jurisprudence (1).

1. James Kent. *Commentaries on american law.* 12ᵉ édition, tome 2, p. 217.

D'une part, en effet, une loi votée dans l'Illinois en 1872 (1) donne à la mère le droit d'actionner l'auteur de sa grossesse dans les deux ans de la naissance de l'enfant. Aux termes de cette loi la déclaration faite par la mère sous la foi du serment suffit pour que l'homme désigné soit amené devant le juge au besoin par la force. Si le juge, après un premier débat contradictoire, estime suffisantes les charges qui pèsent contre l'homme, il l'oblige à donner caution de se présenter devant la Cour de Comté; à défaut de caution il le fait emprisonnent.

Le procès est jugé devant un jury ordinaire et sur les preuves de droit commun.

Si le jury rend un verdict affirmatif ou si le défendeur avoue, la Cour le condamne à payer à l'enfant une pension alimentaire dont le maximum est fixé à cent dollars pour la première année et à cinquante dollars pour les années suivantes. Le père doit donner caution pour garantir le paiement de cette pension ; à défaut de quoi, il est emprisonné.

La loi déclare en outre que l'enfant naturel succède à sa mère et aux parents de sa mère.

Il est de plus légitimé par le mariage subséquent pourvu que son père l'ait reconnu.

D'autre part, une loi plus récente votée en 1883 dans

1. *Annuaire de législation étrangère*, année 1873, page 73 et s.

l'Etat de Nevada (1) décide qu'à défaut d'une reconnaissance volontaire, qui peut résulter soit d'une déclaration concordante du père et de la mère, soit de l'aveu du père non contredit par la mère, la paternité peut être prouvée par tous les moyens et voies de droit qui seront déterminés par la Cour saisie de l'action : si elle est établie le père peut être puni d'une amende, et il doit de plus contribuer à l'entretien de l'enfant ; aucun maximum n'est d'ailleurs imposé au juge dans l'évaluation de l'obligation alimentaire.

Bas Canada (2). (Code de 1865).

Le Code Civil actuel qui est rédigé en langue Française a remplacé la coutume de Paris et les principes de notre ancien droit restés en vigueur dans cette ancienne colonie Française.

Aux termes de l'article 240 la reconnaissance volontaire ou forcée par le père ou la mère de leur enfant naturel donne à ce dernier le droit de réclamer des aliments à chacun d'eux. Aucune distinction n'est faite entre les enfants naturels simples et les adultérins et incestueux.

La reconnaissance peut être faite en une forme quelconque et prouvée de toute manière. Mais la preuve testimoniale n'est admise que s'il y a un commence-

---

1. *Annuaire de législation étrangère*, année 1883, p. 843.

2. De la Grasserie. *De la recherche et des effets de la paternité naturelle.*

ment de preuve par écrit ou des présomptions ou indices graves résultant de faits dès lors constants ; la preuve contraire est réservée au défendeur.

Amérique méridionale.

Brésil (1).

Ce pays n'a pas encore de Code civil ; mais les usages et les lois du pays ont été officiellement compilées en attendant un véritable code dont l'élaboration est maintenant commencée.

En ce qui concerne la filiation naturelle, une ordonnance qui date de 1847 exige une reconnaissance par acte authentique ou par testament pour que l'enfant ait certains droits successoraux ; mais le droit de rechercher ses auteurs pour leur réclamer des aliments lui est reconnu sans restriction.

Pérou (Code de 1851) (2).

Reconnaissance volontaire. — Le père et la mère peuvent reconnaître leur enfant naturel non seulement par acte authentique mais par testament, sur les registres de naissance ou dans l'acte de baptême (art. 238). L'enfant a d'ailleurs le droit de contredire cette reconnaissance.

Effets. — Les enfants naturels reconnus ont des

1. De la Grasserie. *Lois civiles du Brésil.*, p. 247.
2. De la Grasserie. *Code civil Péruvien.*, p. 93 et s. p. 139.

droits successoraux dans la succession de leurs père
et mère. Dans la succession maternelle ils prennent
un cinquième en présence d'enfants légitimes ; à défaut
d'enfants légitimes ils recueillent toute la succession.
Ils succèdent également aux parents de la mère (art.
294-297).

Dans la succession paternelle ils ont également
droit à un cinquième en présence d'enfants légitimes
mais ils n'excluent pas les ascendants en présence
desquels ils n'ont droit qu'à la moitié de la succession ; de plus ils ne succèdent pas aux parents de leur
père.

Reconnaissance judiciaire. — Le Code Péruvien
déclare que la reconnaissance judiciaire de la paternité ne produit les effets de reconnaissance volontaire
que dans les seuls cas de rapt ou de viol (art. 237).
Mais l'article 253 établissant entre l'enfant illégitime
non reconnu et son père une obligation alimentaire
réciproque consacre par là même le droit sans restriction pour l'enfant de rechercher la paternité.

Le Code Péruvien présente donc cette particularité
que les effets de la reconnaissance judiciaire varient
suivant que les faits sont plus ou moins probants qui
ont servi à la fonder.

Aucune différence n'est faite en principe, entre les
enfants naturels simples (naturales) et les adultérins
et incestueux (espurios) ; toutefois l'enfant adultérin
d'une femme mariée n'a aucun droit successoral.

République Argentine (1) (Code de 1869 revisé en 1883).

Ce Code déclare tout d'abord que les père et mère ont vis-à-vis de leurs enfants légitimes ou naturels les mêmes obligations, les mêmes droits et la même autorité ; exception est faite toutefois pour les enfants adultérins, incestueux et sacrilèges.

Reconnaissance volontaire. — Elle peut résulter d'un acte authentique, d'un aveu devant le juge ou d'un testament olographe.

Reconnaissance judiciaire. — La recherche de la paternité est en principe librement admise aux termes de l'article 325 ainsi conçu : « Les enfants naturels ont « action pour demander d'être reconnus par leurs père « et mère ou pour que les juges les déclarent tels même « si les parents nient qu'ils soient leurs enfants, étant « admises dans la recherche de la paternité ou de la « maternité toutes les preuves que l'on admet pour « prouver les faits de l'homme et qui concourent à dé- « montrer la filiation naturelle ».

Une seule restriction est apportée par l'article 326 au droit d'intenter l'action ; elle est non recevable lorsqu'elle a pour but d'attribuer un enfant à une femme mariée. De plus, en vertu d'une disposition ajoutée en 1883 à l'article 325, elle ne peut, sauf le cas de pos-

---

1. De la Grasserie. *De la recherche et des effets de la paternité naturelle*, p. 75.

session d'état être exercée que pendant la vie de la mère ou du père.

Effets. — Ce sont les mêmes que la reconnaissance soit volontaire ou forcée.

Les enfants naturels simples sont appelés à la succession paternelle comme à la succession maternelle. Ils concourent avec les enfants légitimes pour un quart de portion ; en présence de l'époux survivant et des ascendants ils ont un quart de la succession : s'il n'existe que l'époux survivant ou les ascendants ils prennent la moitié. Ils excluent tous les collatéraux.

Les enfants adultérins incestueux ou sacrilèges peuvent être reconnus volontairement et dans ce cas ils ont droit à des aliments jusque'à l'âge de 18 ans ; mais ils ne peuvent rechercher ni leur maternité ni leur paternité.

Amérique Centrale.

Guatemala (1) (Code de 1877)

Reconnaissance volontaire. — Elle peut résulter : 1° d'une déclaration inscrite sur les registres de l'état civil. 2° d'un écrit public. 3° d'un testament (art. 239)

Reconnaissance judiciaire. — La recherche est admise par l'article 235 aux termes duquel « la senten-

1. De la Grasserie. *De la recherche et des effets de la paternité naturelle.* p. 43.

ce qui déclare prouvée la filiation produit tous les effets de la reconnaissance volontaire faite conformément à l'article 229. » Il n'y a d'interdiction qu'en cas de recherche défavorable à l'enfant.

Il n'existe aucune interdiction de la reconnaissance et de la recherche en ce qui concerne la filiation adultérine ou incestueuse.

Effets. — En présence d'enfants légitimes les enfants naturels ont droit à la quotité disponible soit au cinquième de la succession. A défaut de postérité légitime ils recueillent la succession entière (art. 969.)

DEUXIÈME GROUPE

Pays qui font au principe de la prohibition de larges exceptions.

Portugal (Code de 1867) (1).

A l'égard de la mère comme à l'égard du père la parenté ne peut résulter que d'une reconnaissance.

Peuvent être reconnus tous les enfants illégitimes sauf les adultérins et les incestueux (art. 122).

La reconnaissance peut être faite par le père et la mère en même temps ou par l'un d'eux séparément.

1. *Code Civil Portugais.* Traduit et annoté par Fernand Lepelletier.

dans l'acte de naissance, dans un testament ou dans un acte public (art. 123). Mais elle est essentiellement personnelle à celui des parents qui l'a faite (art. 124), De plus si l'enfant est majeur, elle n'est pas valable sans son consentement et si elle a eu lieu pendant sa minorité il a, pour la contester, quatre ans à partir de son émancipation ou de sa majorité (art. 127).

La reconnaissance peut résulter, en outre, d'une décision judiciaire et l'art. 139 du Code Portugais déclare expressément que cette reconnaissance forcée ne diffère en rien quant à ses effets de la reconnaissance volontaire.

L'article 130 prohibe en principe la recherche de la paternité ; mais il fait exception à la règle : 1° S'il existe un écrit du père dans lequel il reconnaît expressément l'enfant ; 2o Si l'enfant a la possession d'état dans les termes de l'article 115 ; 3° en cas de viol ou de rapt si l'époque de la naissance coïncide dans les termes de l'article 101 avec la date de l'acte criminel, c'est-à-dire s'il se place dans la période légale de conception.

La possession d'état à laquelle cet article se réfère consiste dans le fait d'avoir été considéré et traité comme enfant tant par le père et la mère que par leur famille et par le public ; elle doit exister vis-à-vis des parents du père et de la mère, car, d'après le Code Civil Portugais et contrairement à ce qui a lieu chez nous, la filiation naturelle unit l'enfant à la famille de ses père et mère.

L'action en recherche de paternité ne peut être intentée que pendant la vie du père prétendu sauf : 1º S'il est mort durant la minorité de l'enfant ; dans ce cas celui-ci jouit pour exercer l'action d'un délai de quatre ans à compter de son émancipation ou de sa majorité. 2º Si l'enfant découvre pour la première fois un titre écrit et signé de lui aux termes duquel il reconnaît sa paternité ; dans ce cas il peut introduire son action à quelque époque que ce document lui soit parvenu (art. 133).

Effets de la reconnaissance volontaire ou forcée.

Les enfants naturels reconnus ont le droit : 1º de porter le nom de leur père ; 2º de recevoir des aliments ; 3º de leur succèder conformément aux règles posées dans les articles 1985 à 1992.

Le droit successoral des enfants naturels varie suivant qu'ils se trouvent en concurrence avec des descendants légitimes ou avec d'autres parents.

En présence des enfants légitimes, le Code Portugais distingue s'ils étaient ou non, reconnus avant le mariage d'où sont nés ces enfants ; dans le premier cas, leur droit est égal aux deux tiers de ce qu'ils auraient eu s'ils avaient été légitimes. Dans le second cas, ils ont droit seulement au tiers de ce qu'ils auraient eu s'ils avaient été reconnus avant.

Le Code Portugais n'annihile donc pas les effets de

la reconnaissance au profit des enfants et du conjoint comme le fait notre article 337.

A défaut d'enfants légitimes les enfants naturels recueillent toute la succession ; ils excluent même les père et mère.

Légitimation. — Elle ne peut avoir lieu que par le mariage subséquent et elle est subordonnée à la reconnaissance ; mais il importe peu que cette reconnaissance soit antérieure ou postérieure au mariage.

ESPAGNE (1-2).

C'est seulement depuis le 24 juillet 1889 que l'Espagne a un Code civil. Auparavant chaque province était régie par un droit particulier « *fuero* » et accessoirement par le droit commun du royaume ; encore ce droit commun était-il mal établi et plein d'obscurités.

Déjà une tentative de codification avait été faite en 1851 ; mais la guerre civile vint interrompre les travaux. Ils ont été repris seulement en 1855, et se sont terminés en 1889 par la promulgation du Code civil.

Condition des enfants naturels.

Reconnaissance volontaire. — Les règles sont les mêmes, qu'il s'agisse de la filiation naturelle ou de la filiation paternelle ; comme notre Code civil, le Code espagnol ne fait résulter la parenté naturelle que d'une

1. Lehr. *Eléments de droit civil espagnol*, tome 2, p. 97 et s.
2. *Code civil espagnol*, traduit et annoté par M. A. Levé.

reconnaissance. Peu importe d'ailleurs que cette reconnaissance soit volontaire ou forcée.

La reconnaissance volontaire est essentiellement personnelle à celui qui l'a faite ; elle peut avoir lieu dans l'acte de naissance, dans un testament ou dans tout autre acte public, sauf la nécessité, dans ce dernier cas, de la faire sanctionner par un jugement.

De plus, lorsque l'enfant est majeur, son consentement est nécessaire à la validité de la reconnaissance. Cette disposition que nous avons déjà rencontrée dans le Code civil Portugais est excellente car une reconnaissance si tardive est à bon droit suspecte ; elle est souvent inspirée par des motifs tout autres que l'affection et il est juste que l'enfant puisse apprécier la valeur de cette parenté qu'on lui offre à une époque où elle ne sera peut-être pour lui que la source d'obligations.

Reconnaissance forcée. — Le père est tenu de reconnaître son enfant. 1° quand il existe un écrit de lui reconnaissant expressément sa paternité. 3° quand l'enfant se trouve en possession d'état continue d'enfant naturel du père. 3° en cas de viol ou d'enlèvement.

Effets. — Les effets de la reconnaissance sont les mêmes pour l'enfant naturel que cette reconnaissance soit volontaire ou forcée ; outre son droit à l'entretien et à l'éducation il est héritier dans une proportion qui varie suivant qu'il se trouve en présence de descendants légitimes, d'ascendants ou de collatéraux.

En présence de descendants légitimes l'article 840
lui accorde la moitié de « la quotité revenant à chacun
des enfants légitimes n'ayant pas de préciput ». Or,
la succession se divisant en trois parts, l'une qui représente la quotité disponible, l'autre dont le père
peut disposer, mais seulement pour avantager l'un ou
quelques-uns de ses enfants légitimes, le troisième enfin
représentant la réserve, c'est sur le tiers de la succession que s'établit en définitive le droit de l'enfant
naturel.

En présence d'ascendants, l'article 841 fixe à la
moitié de la portion disponible le droit des enfants naturels : cette portion est fixée à la moitié de la succession, quel que soit leur nombre.

En présence de collatéraux ils recueillent la totalité
de la succession (art. 842).

Légitimation. — Le Code Espagnol admet comme
notre Code civil la légitimation par le mariage subséquent ; elle subordonne également cette légitimation à
la reconnaissance ; mais elle n'exige pas que cette reconnaissance soit antérieure au mariage (art. 119 à 124).

A côté de cette légitimation normale, il en admet
exceptionnellement une autre, la légitimation par lettre royale ; mais celle-ci ne peut être obtenue que si
par suite d'une impossibilité matérielle, la mort de l'un
des parents, par exemple, le mariage n'a pu avoir lieu
et à la condition : 1° que le père ou la mère n'ait pas
d'enfants légitimes ou légitimés par mariage ou des-

cendant d'eux ; 2° que le demandeur s'il est marié obtienne le consentement de son conjoint. (art. 125). De plus elle ne produit que des effets restreints, elle n'assimile pas l'enfant à un enfant légitime. L'article 844 dit en effet : « la part héréditaire des enfants légitimes par lettre du roi sera la même que celle accordée par la loi aux enfants naturels et l'article 939 « *à défaut* de descendants et d'ascendants légitimes la succession appartient à l'enfant naturel reconnu et au *légitimé par lettre du roi.* »

Cette légitimation existait d'ailleurs, dans le droit coutumier espagnol avec des effets analogues ; elle a donc, dans le Code Civil comme dans le droit coutume pour unique résultat, d'effacer au nom des bâtards la tache d'illégitimité (nota *ilegitimitad*).

Il faut reconnaître que la légitimation par rescrit du droit Espagnol est une institution d'un contour indécis, ne pouvant avoir en bien ou en mal que des effets à peu près nuls et manquant juridiquement à la différence de la légitimation par déclaration, du Code Allemand, d'une base solide. Elle pare d'un titre vain l'enfant naturel sans le relever d'aucune incapacité et cela après avoir publiquement reconnu qu'un obstacle purement matériel et indépendant de la volonté de ses parents a seul empêché leur mariage.

Amérique du Nord.

Louisiane (1) (Code de 1824).

Le Code de cette ancienne colonie Française qui fait partie des Etats-Unis de l'Amérique du Nord, est une reproduction presque intégrale de notre Code Civil Français. Mais, il est remarquable qu'après en avoir adopté toutes les règles concernant la reconnaissance volontaire des enfants naturels, elle s'en est complètement écartée en ce qui concerne la recherche de la paternité.

Aux termes de ce Code, en effet, la recherche de la paternité est permise (art. 226), dans les cas suivants (art. 227).

1° Lorsqu'il résulte d'écrits privés émanés du défendeur que celui-ci a reconnu l'enfant pour sien.

2° Lorsque le père prétendu l'a reconnu pour sien verbalement soit en public, soit en particulier ou qu'il l'a fait élever comme son enfant.

3° Lorsqu'il est établi que la mère de l'enfant vivait en concubinage avec le père prétendu à l'époque de la conception.

Toutefois la demande peut être rejetée si le défendeur prouve l'inconduite de la mère.

Effets de la reconnaissance. — Ces effets sont les

1. Anthoine de Saint-Joseph, t. II, p. 459 et s.

mêmes qu'elle soit volontaire ou forcée. L'enfant naturel reconnu succède à sa mère si elle n'a pas d'enfants
légitimes et à l'exclusion de tous autres héritiers ; en
présence d'enfants légitimes il n'a droit qu'à des aliments (art. 912).

Dans la succession paternelle l'enfant naturel n'exclut que l'Etat ; son droit est donc, en règle générale,
limité à une créance alimentaire.

Mexique(1). (Code de 1871).

Reconnaisance volontaire. — Les parents peuvent
reconnaître leur enfant naturel soit dans l'acte de naissance soit postérieurement devant le juge de l'état
civil (art. 367), cette reconnaissance peut être faite par
le père et la mère dans le même acte (art. 364). Si elle
est faite séparement, elle est spéciale à celui dont elle
émane et celui-ci ne peut ni désigner l'autre parent
ni faire mentionner dans l'acte aucune circonstance de
nature à le faire connaître (art. 368); si c'est le père
qui a reconnu séparément l'enfant, cette reconnaissance peut être contredite par la mère et devenir ainsi
sans effets pourvu que la mère l'ait elle même valablement reconnu.

La reconnaissance peut avoir lieu même avant la
naissance de l'enfant ou après sa mort s'il laisse des

1. De la Grasserie, Code civil Mexicain, p. 26 et s. p. 45 et s.
p. 238 et s.

descendants légitimes. S'il est majeur, son consentement est nécessaire ; s'il est mineur et s'il a plus de quatorze ans il faut son consentement et celui de son tuteur (art. 377). S'il a été reconnu pendant sa minorité il peut, dès sa majorité contester sa reconnaissance dans le délai de quatre ans à partir du jour où il l'a connue (art. 379-380).

Reconnaissance forcée. — L'article 370 pose d'abord le principe de la prohibition absolue. Mais aux termes de l'article 371 ce principe reçoit exception : 1° si l'enfant a la possession d'état ; 2° en cas de rapt ou de viol se rapportant à l'époque de la conception.

Effets. — Ce sont les mêmes que la reconnaissance soit volontaire ou forcée. Les enfants naturels reconnus ont dans la succession de leur père et mère des droits successoraux qui varient suivant qu'ils se trouvent ou non en présence d'enfants légitimes ou d'ascendants.

Dans le premier cas leur part est déduite d'un tiers qui accroît aux enfants légitimes.

S'il existe des ascendants légitimes au premier degré la succession se divise en parts égales, les ascendants étant considérés comme une seule personne. Si les ascendants sont d'un degré ultérieur ils ont seulement droit à des aliments dont l'évaluation ne peut excéder une part d'enfant.

En présence de collatéraux les enfants naturels recueillent toute la succession.

Mais, il faut noter que rien ne s'oppose à ce que les enfants naturels recueillent, même en présence d'enfants légitimes, une part supérieure à celle qui leur est reconnue par la loi, de même qu'ils peuvent être dépouillés d'une portion considérable de leurs droits.

D'après la révision de 1884 en effet, la réserve a été en principe abolie par le Code Mexicain sauf obligation alimentaire. 1° Aux descendants mineurs de 25 ans. 2° aux descendants mâles dans l'impossibilité de travailler et aux femmes non mariées même majeures qui vivent honnêtement. 3° Au conjoint survivant pourvu s'il est mâle qu'il ne puisse travailler.

Le Code Mexicain distingue les enfants naturels simples et les adultérins et incestueux. Mais il se borne à reconnaître à cette dernière catégorie d'enfants des droits sucessoraux moindres que ceux des enfants naturels.

Légitimation. — Elle ne peut avoir lieu qu'au profit des enfants naturels simples. La reconnaissance est nécessaire mais il importe peu qu'elle ait eu lieu antérieurement ou postérieurement au mariage des père et mère.

Amérique méridionale

CHILI (1). (Code de (1855.)

La reconnaissance de paternité ou de maternité ne peut être faite que par acte public entre vifs ou par

1. De la Grasserie, Code Civil Chilien, p. 136 et suiv,

testament. Cet acte doit être notifié et accepté ou répudié par l'enfant ou par son représentant légal (art. 273).

La recherche de la paternité est admise mais le pouvoir appréciateur du juge est limité au seul cas de rapt. Le Code Chilien assimile d'ailleurs au rapt la séduction d'une mineure.

En dehors de ce cas l'action se réduit à une mise en demeure adressée au défendeur d'avoir à jurer devant le tribunal si oui ou non il se croit le père, son abstention après une double sommation étant considérée comme un aveu.

La reconnaissance judiciaire ne donne à l'enfant que le droit d'exiger des aliments. Il n'a de droits successoraux que s'il a été volontairement reconnu ; encore ce droit est-il restreint et n'existe-t-il pas en présence d'enfants légitimes. (989-990).

Amérique Centrale.

Honduras (1) (Code de 1880).

Aux termes de ce Code, la reconnaissance volontaire peut avoir lieu soit par déclaration consignée sur les registres de l'Etat Civil, soit par acte public entre vifs,

---

1. *De la recherche et des effets de la filiation naturelle.* De la Grasserie, p. 39.

soit par testament (art. 314). Elle doit être acceptée par l'enfant (art. 322).

Reconnaissance judiciaire. — La recherche de la paternité est admise dans les cas suivants : 1° s'il y a rapt ou viol ; lorsqu'il s'agit d'une mineure, le rapt même consenti suffit ; 2° en cas de concubinage ; dans ce cas il existe même une présomption légale de la paternité du concubin, sauf de la preuve contraire réservée à celui-ci (art. 334 et 335). Les moyens de preuve sont ceux de droit commun. Le serment peut de plus être déféré au père prétendu qui sera, s'il ne le prête pas ou s'il fait défaut, déclaré judiciairemen père de l'enfant.

Si l'enfant demandeur a moins de vingt ans il doit être assisté d'un curateur ; s'il est impubère la loi permet à la personne qui lui a donné des soins d'intenter l'action en son nom.

Effets. — Les effets de la reconnaissance sont identiques qu'elle soit volontaire ou forcée.

En ce qui concerne l'entretien et l'éducation le code de Honduras met les enfants naturels sur le même rang que les enfants légitimes (art. 329).

Quant à leurs droits successoraux ils sont d'un cinquième en présence d'enfants légitimes à moins qu'ils ne trouvent avantage à réclamer seulement des aliments mais sans qu'ils puissent ainsi acquérir un droit supérieur à la moitié d'une part d'enfant légitime (art. 1026). Ils concourent dans des proportions variables en présence d'ascendants légitimes, du conjoint survivant et des frères et sœurs légitimes (art. 1026-1029) mais ils excluent tous autres collatéraux.

TROISIÈME GROUPE

Systèmes prohibitifs.

Parmi ces pays figurent en première ligne ceux où notre Code Civil a été promulgué alors qu'ils étaient réunis à la France et où il est resté en vigueur.

Ce sont, la Belgique, le Jura Bernois, le Canton de Genève.

Il est intéressant de noter dès maintenant que parmi ces pays la Belgique a senti la nécessité d'une réforme en ce qui concerne la preuve de la filiation paternelle des enfants illégitimes.

Aux termes de l'avant-projet rédigé par M. Laurent professeur à l'Université de Gand, en 1884, (1) sur la demande de M. le ministre de la justice, la possession d'état prouve la filiation naturelle à l'égard du père et de la mère. L'enfant naturel peut être reconnu : 1º dans l'acte de naissance ou par une déclaration postérieure faite devant l'officier de l'état Civil ; 2º par tout acte authentique ; 3º par un acte sous seing privé émané du père ou de la mère. Cette reconnaissance

---

1. De la Grasserie, ouvrage cité, p. 200.

peut se faire en termes énonciatifs et résulter d'un aveu tacite prouvé par écrit.

La recherche de la paternité est interdite. Elle est admise par exception en faveur des parties intéressées.

1º En cas d'enlèvement ou de viol ; lorsque l'époque de l'enlèvement se rapporte à celle de la conception le ravisseur pourra être déclaré le père de l'enfant.

2º En cas de promesse de mariage ou de séduction lorsqu'il y a un commencement de preuve par écrit de la promesse ou de la séduction ou lorsque les présomptions résultant de faits dès lors constants sont assez graves pour déterminer l'admission de la preuve testimoniale. La femme peut réclamer des dommages-intérêts quand il y a un engagement contracté en sa faveur et dans le cas où la recherche de la paternité est admise.

La filiation naturelle dûment constatée rattache l'enfant à la famille de son père et de sa mère.

Les enfants naturels dont la filiation est légalement établie ont les mêmes droits que les enfants légitimes dans la succession de leurs père et mère et des parents de leurs père et mère.

CANTON DE GENÉVE.

Ce Canton Suisse est régi par notre Code Civil.

1. De la Grasserie. *De la recherche et des effets de la filiation naturelle*, page, 200.

Toutefois il a, dès 1874 amélioré la situation des enfants naturels en ce qui concerne les droits successoraux.

Aux termes de la loi du 5 septembre 1874 (1) tous les enfants illégitimes sont héritiers ; ils ont droit aux trois quarts ou aux sept huitièmes de la succession suivant qu'ils se trouvent en présence des père et mère ou de l'un deux seulement; ils excluent tous autres héritiers.

Cette loi fait donc aux enfants naturels une situation beaucoup plus avantageuse que celle qui leur était reconnue par notre Code de 1804 et, bien que la différence ait été considérablement amoindrie, elle traite ces enfants mieux encore que ne le fait en France la loi du 25 mars 1796.

Russie.

SVOD ZAKONOFF (1832) (2).

La Russie n'a pas encore de Code Civil, elle est régie par le Svod Zakonoff, vaste compilation promulguée par le tzar Nicolas 1er.

Aux termes de l'article 132 de cette compilation sont considérés comme illégitimes : 1° les enfants nés hors mariage lors même que leur père et mère contracteraient par la suite une union légitime ; 2° les enfants adultérins ; 3° les enfants nés d'un mariage décla-

1. *Annuaire de législation étrangère*, année 1875, p. 495 et s.
2. *Eléments de droit Russe*, E. Lehr, p. 79 et s., p. 431 et s.

ré illégal par le tribunal compétent. Tous ces enfants sont considérés comme nés d'un père inconnu.

C'est seulement à titre exceptionnel que le père peut être tenu de pourvoir à l'entretien de son enfant naturel. Ainsi, aux termes de l'article 994 du Code Pénal, le concubinage d'un célibataire avec une célibataire est un acte illicite; les coupables sont punis s'il sont chrétiens de la pénitence ecclésiastique et le père est obligé de pourvoir à l'entretien de l'enfant et de la mère ; mais il n'y peut être contraint qu'après avoir été puni au criminel et comme le plus souvent c'est la mère qui poursuit, il faut qu'elle s'accuse elle-même et s'expose ainsi à être condamnée. D'ailleurs cette disposition s'applique seulement aux célibataires ; si l'un des concubins est marié c'est seulement sur la poursuite de son conjoint outragé qu'il est puni et le père n'est pas tenu d'entretenir l'enfant.

Le père est encore tenu d'une obligation alimentaire aux termes de la loi civile (art. 663, tome X), si par suite de viol une fille est devenue enceinte ou si le mariage a été déclaré nul pour cause de dol. Mais les tribunaux civils ne peuvent reconnaître cette obligation qu'après une action au criminel dont l'initiative appartient seulement à la victime ou à ses parents ou tuteurs.

Hors ces cas il n'existe aucun lien entre les enfants illégitimes et leurs père et mère, et ils ne peuvent même être légitimés par le mariage subséquent.

Le seul moyen qui existe pour les père et mère de

créer des liens entre eux et leurs enfants naturels est l'adoption ; mais elle est d'autant plus difficile que la classe de l'adoptant est plus élevée ; les nobles ne peuvent adopter ni leurs enfants illégitimes ni ceux d'autrui, les marchands peuvent adopter les enfants illégitimes d'autrui mais non les leurs ; quant aux petits bourgeois et aux paysans il n'existe aucune prohibition.

On peut se rendre compte d'après le témoignage fourni à l'un des principaux journaux de France « le Temps » (1) par son correspondant de Saint-Pétersbourg, que l'opinion est loin d'être favorable en Russie à ce système extrêmement rigoureux. « On a com« mencé une agitation en faveur des enfants naturels. « La loi russe n'admet pas qu'on puisse par un mariage « subséquent effacer la tache d'une naissance illégi« time. Une union régularisée ne fait pas participer les « enfants issus avant le mariage aux avantages d'un « état civil régulier. Dans aucun cas les enfants natu« rels ne peuvent prétendre à une portion quelconque « dans la succession de leurs parents. Ils sont sans « famille, sans droit à l'assistance alimentaire à l'ins« truction ; ce sont de véritables parias qui semblent « marqués pour la mort et le crime. La mortalité des « enfants trouvés est effrayante et les prisons sont le « seul asile où ils peuvent atteindre car ils s'y prépa« rent par le vagabondage et la mendicité.

1. N· du 14 novembre 1879.

« On demande que la loi garantisse à ces malheureux
« êtres un secours contre l'abandon et la barbarie. La
« recherche de la paternité est au bout et prendra
« sans doute place dans le programme de nos réforma-
« teurs du Code et de la morale.

Cette agitation entreprise en faveur des enfants naturels a produit déjà d'importants effets.

Une loi qui date du mois de mars 1891 admet la
légitimation par mariage subséquent des enfants même
adultérins. Elle permet aux personnes de toutes classes
d'adopter leurs enfants illégitimes si elles n'ont pas
d'enfants légitimes ou légitimés. De plus les enfants
nés d'un mariage déclaré nul ont d'après cette loi le
droit d'exiger de leurs parents l'entretien et l'éducation jusqu'à leur majorité.

La condition des enfants naturels en Russie n'en
reste pas moins extrêmement dure. Ils n'ont en règle
générale aucuns droits que ceux que peuvent leur
conférer volontairement leurs parents ; encore, l'adoption ne remplace-t-elle pas la reconnaissance puisqu'elle
ne peut avoir lieu en présence d'enfants légitimes ou
légitimés. Toutefois la loi nouvelle n'en constitue pas
moins un progrès sérieux sur la législation antérieure
qui marquait au sceau de l'infamie tous les enfants illégitimes sans permettre même pour effacer la honte de
leur naissance l'intervention volontaire de leurs parents.
Et l'on est en droit d'espérer que cette loi est le début
d'un mouvement qui se continuera et aboutira à la

consécration pour les enfants naturels, dans le Code Civil Russe, d'une condition plus conforme aux principes du droit naturel.

GRÈCE.

Sauf les îles Ioniennes qui ont conservé après l'annexion le Code qu'elles s'étaient donné en 1841 et qui est une copie presque intégrale du Code Napoléon, le royaume de Grèce n'a pas de Code civil et se trouve régi encore par les règles du droit romain dans son dernier état.

Toutefois le concubinat n'existe plus et la jurisprudence admet le père à reconnaître son enfant naturel par acte inscrit sur les registres de l'Etat Civil. Quant à la filiation maternelle, en vertu de l'adage romain « *mater semper certa est* », elle peut être librement recherchée et l'enfant naturel avis-à-vis de sa mère les droits d'un enfant légitime.

Le projet de Code civil Grec dont l'élaboration remonte à 1856 et qui a été déjà revisé en 1874 se conforme strictement en ce qui concerne la preuve et les effets de la filiation naturelle à notre code de 1804 (1).

1. Notice de M. Calligas sur ce projet de C. Civil. *Bulletin de la Société de Législation comparée*, année 1876, p. 526 et suiv.

Suisse Romande

NEUCHATEL (1) (Code de 1854).

Ce code reproduit les dispositions de notre Code civil
en ce qui concerne la reconnaissance et l'interdiction
de la recherche de la paternité, à laquelle il n'admet
pas même l'exception d'enlèvement.

VAUD (2).

(Code de 1819 modifié par la loi de 1855).

Ce Code est avec le nôtre le seul que l'on puisse
citer comme ayant adopté le système de la prohibition
absolue après avoir admis celui de la libre recherche.

Les dispositions de la nouvelle loi sont à peu de
chose près les mêmes que celles de notre Code de
1804. Aux termes de l'article 185 la reconnaissance
ne peut avoir lieu que dans l'acte de naissance, dans
un acte authentique et devant le juge de paix ; mais
cette reconnaissance doit être consentie par l'enfant
ou par son tuteur à moins qu'elle n'ait eu lieu dans
l'acte de naissance.

La recherche de la paternité est interdite sauf les
cas d'enlèvement et de viol (art. 196).

Quant aux droits successoraux ils sont d'une demi
part en présence d'enfants légitimes ; de la moitié de
la succession en présence d'ascendants, de frères ou

1. Anthoine de St-Joseph. Ouvrage cité, t. IV. p. 472.
2. Code Civil du canton de Vaud, Rippert et Bornand.

sœurs ou descendants d'eux, du conjoint survivant ; ils excluent tous les collatéraux autres que les frères et sœurs.

Les effets de l'innovation introduite par la loi de 1855 au Code de 1819 ne semblent pas avoir été heureux. On peut en juger d'après un document cité par M. Lacointa en 1874 devant l'Académie de Législation de Toulouse (1). « L'application de la nouvelle loi n'a
« pas été heureuse ; les reconnaissances par le père
« sont devenues très rares tandis qu'auparavant près
« de la moitié des enfants adjugés l'étaient au père.
« Et comme ce sont ordinairement de pauvres ouvriè-
« res, des servantes qui deviennent mères et qu'elles
« n'ont pas de ressources, presque tous les enfants
« naturels sont désormais à la charge des communes
« et vivent misérablement.

« Le nombre des naissances des enfants naturels a
« en même temps augmenté.

« Avant 1855 on comptait annuellement un avorte-
« ment ou infanticide sur 467 naissances ; après 1855
« il y en a un sur 422 naissances. Le nombre des
« enfants naturels morts nés s'est, du reste, accru.

« Avant 1855 on comptait 20.7 divorces sur 1,147
« mariages soit un sur 55. Après 1855 on en compte
« un sur 44.8. C'est une augmentation de 20 0/0, à
« l'encontre de ceux qui prônaient la loi et annon-
« çaient une diminution dans les divorces. »

1. *Recueil de l'Académie*, année 1874, p. 297.

Hollande (1). (1838).

Le Code Civil Hollandais promulgué en 1838 n'est qu'une nouvelle édition du Code de 1804 qui était resté en vigueur jusqu'à cette époque.

La condition des enfants naturels y est à peu de chose près ce qu'elle est en France. Toutefois aux termes du nouveau Code la reconnaissance ne peut être faite valablement par un homme n'ayant pas atteint l'âge de dix-neuf ans ; de plus la reconnaissance ne produit d'effet tant que la mère est vivante et à la condition qu'elle ait elle-même reconnu l'enfant, que si elle y a donné son acquiescement (art. 339).

La recherche de la paternité reste prohibée sauf le cas d'enlèvement.

La légitimation s'opère non-seulement par le mariage subséquent mais par lettre du roi : 1° en faveur de l'enfant naturel reconnu tardivement ; 2° en faveur des enfants de fiancés lorsqu'aucun obstacle ne s'opposait au mariage et que la mort seule l'a empêché (art. 319-320).

Serbie (2). (Code de 1844).

L'article 130 de ce Code interdisait absolument la recherche ; d'après une modification faite en 1868 il l'admet aux deux cas d'enlèvement et de viol.

1. Anthoine de St-Joseph, ouvrage cité, t. 2. p. 348 et s.
2. Anthoine de St-Joseph, ouvrage cité, t. 3. p. 454.

Roumanie (1). (Code de 1864).

Ce Code est dans la plupart de ces dispositions une traduction littérale du Code Français. La recherche de la paternité y est prohibée comme dans notre Code Civil, sauf le cas d'enlèvement (307-308). Mais il est muet en ce qui concerne la reconnaissance volontaire ; de sorte qu'à part le cas où la parternité est légalement recherchée et sauf ce qui concerne la légitimation il semble n'attribuer aucun effet juridique à la paternité naturelle. La maternité naturelle au contraire produit les mêmes effets que la maternité légitime (art. 677-678). De plus, le Code Roumain n'établit quant aux effets de la filiation naturelle aucune distinction entre les enfants naturels simples et les adultérins et incestueux (art. 677).

Italie (2). (Code de 1865).

Les dispositions du Code civil Italien en ce qui concerne la filiation naturelle sont à peu de chose près les mêmes que celles du Code civil Français.

Reconnaisance volontaire. — La reconnaissance des enfants naturels doit être faite dans l'acte de naissance ou dans un acte authentique mais elle peut avoir lieu avant la naissance de l'enfant (art. 181).

1. Jonnesco, *Recherche de la filiation naturelle.*
2. *Code civil Italien..* Traduit et annoté par Prud'homme.

Reconnaissance forcée. — La recherche de la paternité est prohibée sauf les exceptions d'enlèvement et de viol. Toutefois l'enfant peut invoquer en justice, mais seulement pour obtenir des aliments, l'écrit privé du père, aux termes duquel il a reconnu explicitement sa paternité (art. 193).

Effets. — Les droits successoraux accordés par le Code civil Italien aux enfants naturels dont la filiation est légalement établie sont bien supérieurs à ceux qui leur reconnaissait le Code Français de 1804, mais à peu près les mêmes que ceux qui leur ont été accordés en France par la loi du 25 mars 1896. Toutefois à la différence de ce qui se passe en droit Français les enfants naturels excluent même les collatéraux privilégiés.

Légitimation. — A côté de la légitimation par mariage le Code Italien reconnaît la légitimation par décret royal. Il faut pour que cette légitimation puisse avoir lieu :

1° Que le père ou la mère n'ait ni enfant légitime ni enfant déjà légitimé, ni descendants d'eux.

2° Que l'enfant ne puisse être légitimé par le mariage subséquent.

Les effets de cette légitimation sont les mêmes que ceux de la légitimation par mariage sauf qu'elle ne produit d'effet que du jour du décret et qu'à l'égard de celui des auteurs de l'enfant qui l'a demandée.

Amérique du Nord.

Haïti (1).

Le Code de cette ancienne colonie Française rédigé en 1825 est en grande partie calqué sur le nôtre. Il reproduit nos articles 334 et 340. Mais le droit successoral des enfants naturels est plus considérable ; ils recueillent toute la succession paternelle ou maternelle à défaut d'enfants légitimes.

Amérique Méridionale.

Bolivie (2). (Code de 1843).

La reconnaissance volontaire du père peut être faite : 1º sur les registres de la paroisse ; 2º dans un acte public, même par énonciation ; 3º dans un acte signé du père et présenté à une autorité publique ; 4º dans un testament non révoqué.

La recherche de la paternité est interdite sauf le cas d'enlèvement (art. 234-235).

Le Code Bolivien se borne à reproduire les articles 741 à 747 du Code Napoléon en ce qui concerne les droits successoraux des enfants naturels légalement reconnus.

Légitimation. — Elle a lieu par le mariage subsé-

1. Anthoine de Saint-Joseph. T. 2, p. 305 et suiv.
2. Anthoine de Saint-Joseph. T. 2, p. 62 et suiv.

quent ; il faut que l'enfant soit reconnu, mais la reconnaissance peut être postérieure au mariage.

URUGUAY (Code de 1868).

La recherche de la paternité est interdite sauf le cas de viol ou celui d'enlèvement.

VENEZUELA (Code de 1880).

La recherche est également interdite sauf les mêmes exceptions.

Nous avons passé en revue les différentes législations étrangères ; il nous reste à voir quelle conclusion on peut en tirer à l'encontre ou en faveur de la recherche de la paternité.

Pour ce faire, nous grouperons ces législations suivant qu'elles ont ou non subi l'influence de la loi Française.

Le premier groupe, resté en dehors de cette influence, comprend, en Europe, l'Angleterre, l'Ecosse les pays scandinaves, la Suisse allemande, l'Autriche, la Hongrie, la Russie, la Grèce ; en Amérique, les Etats-Unis sauf la Louisiane, le Brésil, le Pérou, le Chili, la République Argentine, le Guatemala, le Honduras.

Le deuxième réunit d'une part les pays qui ont conservé notre Code après y avoir été soumis, d'autre part les pays qui se sont donné un Code civil propre en se bornant à reproduire le nôtre dans la plupart de ses dispositions.

Dans la première catégorie de ce groupe figurent la Belgique, le Jura Bernois, le canton de Genève ; dans le second la Hollande, les îles Ioniennes les cantons Suisses du Tessin de Neuchâtel et de Vaud, la Serbie la Roumanie, l'Italie, le Portugal, l'Espagne ; et en Amérique, Haïti, la Louisiane, la Bolivie, Costa-Rica. l'Uruguay, le Pérou, le Mexique, le Venezuéla.

Dans le premier groupe la Russie et la Grèce sont seules à prohiber la recherche de la paternité.

Dans le second qui comprend tout d'abord les pays où notre Code n'a pas cessé d'être en vigueur l'existence de la prohibition absolue tire une importance bien moins considérable de ce fait qu'ils se sont bornés à conserver librement parce qu'il constitue dans son ensemble une œuvre remarquable, un Code auquel ils avaient été antérieurement soumis, et qu'il est plus facile de faire une bonne loi que d'en modifier une mauvaise soutenue par la force de la routine.

Mais il y a de plus ce fait remarquable qu'un de ces pays, la Belgique, qui a déjà apporté à notre Code de 1804 les modifications les plus heureuses est actuellement sur le point de rejeter le principe de l'article 340.

Parmi les autres pays qui, voulant se donner un Code civil, ont pris librement le nôtre pour modèle, bon nombre ont pris le soin de ne pas reproduire la dispotion de l'article 340 (Portugal, Espagne, Louisiane, Pérou, Mexique) ; et cette suppression est d'autant plus convainquante que proclamant par là même qu'ils limitaient leur admiration pour notre Code Civil, ils devaient être enclins à n'en pas voir les imperfections.

Telles sont les données fournies par la législation étrangère et nous ne pensons pas qu'elles soient, plus que les conséquences produites en France par l'article 340, favorables au maintien de la maxime de fer.

CHAPITRE II

Projets de réforme.

Nous croyons avoir démontré que rien, en droit ni
en fait, ne saurait défendre le principe de la prohibition absolue.

Après l'avortement de l'espoir chimérique fondé
sur lui par ses partisans, il demeure avec ses conséquences funestes et le souvenir des mesures illégales
qui accompagnèrent son introduction dans notre Code.

La plupart des nations ne l'ont jamais admis et celles qui l'ont emprunté à notre Code s'empressent de le
rejeter ou d'y apporter de nombreux adoucisssments.

La nécessité d'une réforme est donc évidente et
c'est à son examen que nous voulons maintenan
aborder.

Disons, de suite, que partout elle a trouvé des partisans ; philosophes, jurisconsultes, littérateurs, politi-
ciens, tous, suivant l'expression de M. Accollas, « se
sont unis pour le triomphe d'une grande cause ».

Mais il n'y a plus ; les projets de réforme sont sor-
tis déjà du domaine purement doctrinal et le législateur

a été saisi de deux propositions de loi tendant l'une, à la disparition complète du principe de l'article 350, l'autre à son atténuation par de larges exceptions:

La première en date de ces deux propositions de loi est due à MM. Bérenger, de Belcastel, Foucher de Carel et Schœlcher; elle a été présentée au Sénat par M. Bérenger le 16 février 1878. L'autre a pour auteur M. Rivet qui la présenta à la Chambre des députés le 26 mai 1883. De ces deux projets celui de M. Bérenger eut seul l'honneur d'une discussion en séance publique; cette discussion eut lieu les 6, 8 et 10 décembre 1883 et elle aboutit à un rejet de la proposition à une forte majorité. Mais les conditions dans lesquelles se sont engagés les débats sont telles, qu'il n'y a pas lieu pour les partisans d'une réforme de se décourager devant cet insuccès.

Cinq années en effet s'écoulèrent depuis la prise en considération de la proposition avant que M. Cazot nommé rapporteur à cette fin, ait déduit les motifs de la décision prise par la commission d'examen qui, après un débat de deux heures s'était prononcée pour un rejet pur et simple. C'était beaucoup plus que le temps nécessaire pour que l'existence du projet fût complètement oubliée par ceux qui devaient le voter. Si le rapport fut longuement mûri il ne reçut guère de publicité et il fut très diligemment mis à l'ordre du jour. Son dépôt eut lieu en effet le 16 novembre 1883 et la discussion commença le 6 décembre suivant. La presse n'a donc pas été mise en mesure de discuter utilement le rapport et l'opinion publique n'a pu jouer son rôle dans cette discussion qui l'intéressait à un si haut degré. Le Sénat lui-même a été pris à l'improviste ; bon nombre de sénateurs n'ayant pas conservé le texte de la proposition et de son exposé de motifs ont dû se faire une opinion à la veille des débats par la seule lecture du rapport, et il n'est pas osé de prétendre que, dans ces conditions, ils n'ont pu prendre utilemeut part à la discussion.

De plus, il faut le dire, M. Bérenger découragé sans doute à l'avance par les conditions défavorables dans lesquelles il avait à défendre sa proposition de loi, ne la soutint pas avec toute l'énergie désirable. Il semble, dès le commencement des débats, vouloir en excuser la hardiesse, il se hâte de proclamer l'excellent esprit qui a dicté la disposition du code en rappelant, sans en discuter l'importance, les scandales reprochés à l'ancienne jurisprudence ; une objection est-elle soulevée, vite il amende son projet, semblant ainsi craindre autant que ses adversaires les dangers de la proposition qu'il devait soutenir.

Quant aux arguments employés par M. Cazot en faveur de la prohibition ce sont à peu de chose près les mêmes que ceux employés lors de la discussion du Code Civil et si rigoureusement réfutés par les orateurs du Tribunat : la crainte du scandale, l'impossibilité de la preuve **et** l'influence moralisatrice. Nous avons vu ce que valaient ces arguments.

La proposition Bérenger est ainsi **conçue** :

Article premier. — L'article 340 du **Code** Civil est modifié ainsi qu'il suit :

Art. 340. — La recherche de la paternité est interdite sauf les cas :

1° d'enlèvement, de viol ou de séduction, lorsque l'époque de l'enlèvement, du viol ou de la séduction, se rapportera à celle de la conception.

2° de possession d'état dans les conditions prévues par l'article 321 du Code Civil.

Article deuxième. — L'action en recherche de paternité ne peut être intentée que par l'enfant ou en son nom. Elle se prescrit par six mois à dater de sa majorité. Elle ne peut être exercée pendant sa minorité qu'après avis favorable du Conseil de famille et désignation d'un tuteur *ad hoc* chargé de le représenter dans l'instance.

Article troisième. — Elle est soumise à l'accomplissement des formalités prescrites en matière de séparation de corps par les articles 875, 876, 877, 878 § 1 et 2 et 879 du Code de procédure Civile.

Article quatrième. — La preuve par témoins n'est admise que dans les conditions de l'article 323 et sous réserve de la preuve contraire conformément à l'article 324 du Code Civil.

Quant à la proposition Rivet, présentée à la Cham-

bre le 26 mai 1883, elle fut prise en considération par
la commission d'initiative parlementaire, mais la législature prit fin sans qu'elle ait été discutée en séance
publique ; déposée à nouveau par son auteur le 10 juin
1890 et le 9 juillet 1895 elle fut dans cette dernière
législature prise en considération par l'unanimité de la
commission et M. Odilon-Barrot présenta à la Chambre
le 23 novembre 1895 un rapport dans lequel on lit ces
mots : « Les penseurs et les humanitaires se deman-
« dent depuis longtemps si la loi naturelle ne fait pas
« un devoir à ceux qui ont aidé à mettre au monde de
« petits êtres d'autant plus dignes d'intérêt qu'ils sont
« plus dépourvus des choses les plus essentielles, de
« leur venir en aide sur le seuil de la vie et tant que
« durera la période pendant laquelle ils seront dans
« l'impossibilité de se suffire. Ils se demandent aussi,
« quelquefois, si ce devoir n'incombe pas au moins
« autant si ce n'est davantage au père, qu'à la mère
« dont la grossesse, l'allaitement et les soins du mé-
« nage diminuent relativement les moyens d'action. Si,
« dans ces conditions, le père oublie ou omet de rem-
« plir les devoirs résultant de la loi naturelle, n'ap-
« partient-il pas à la loi civile de les lui rappeler ou
« même de les lui imposer ? La société a-t-elle le droit,
« après avoir flétri ce petit-être du nom de bâtard, de
« lui faire supporter une faute qu'il n'a pas commise.
« Il y a une loi Grammont qui protège les animaux y
« compris les taureaux sauvages ; pourquoi n'y eu

« aurait-il pas aussi pour protéger les enfants ?...

« Nous pensons seulement que la responsabilité de
« la paternité doit être établie dans les conditions pré-
« vues par l'article 1382 du Code civil comme toutes
« les responsabilités provenant du fait de celui qui s'est
« rendu l'auteur du préjudice causé à autrui ; nous es-
« timons que le juge doit avoir un pouvoir absolu d'ap-
« préciation pour déterminer le fait imputé au père
« supposé de l'enfant, par la mère, et qu'il devra s'en-
« tourer de tous les moyens qui seront de nature à
« éclairer sa décision, la demanderesse ayant suivant
« l'axiome du droit l'obligation stricte de faire la preuve
« mais le défendeur ayant aussi tout recours ouvert
« pour opposer par la voie de la contraire enquête, les
« preuves aux preuves et les témoignages aux témoi-
« gnages.

Toutefois, pas plus que dans les legislatures précé-
dentes, la Chambre n'a trouvé le loisir de discuter publiquement le projet de M. Rivet.

Ce projet est ainsi conçu :

Article premier.

La recherche de la paternité est admise pourvu qu'il
y ait preuves écrites ou faits constants ou témoignages
suffisants.

Article 2.

Si le père reconnu refuse d'épouser la mère celle-ci
est en droit de réclamer des dommages-intérêts.

Article 3.

La femme peut déclarer sa grossesse, désigner le père et commencer l'instance trois mois avant sa délivrance.

Article 4.

Pendant la minorité de l'enfant, l'action en recherche de paternité appartient à la mère ou au tuteur.

Article 5.

L'action en recherche de la paternité se prescrit par six mois à partir de la majorité de l'enfant.

Article 6.

La fille âgée de plus de vingt-cinq ans ne sera pas admise contre un mineur de moins de dix-huit ans.

Article 7.

Les revendications de paternité reconnues calomnieuses et de mauvaise foi seront poursuivies et punies des peines applicables en matière de diffamation.

Article 8.

Est abrogé l'article 340 du Code Civil et toute disposition contraire à la présente loi.

Le projet Rivet n'est en somme qu'un retour au système de notre ancien droit, abstraction faite des exceptions vicieuses qui s'y étaient introduites, mais avec cette différence que la recherche admise sans restriction dans notre ancienne France pour sanctionner une obligation alimentaire aurait pour objet de nos jours les droits successoraux les plus étendus.

Aux dangers qui devraient résulter d'une semblable
facilité, M. Rivet n'a opposé que deux mesures : puni-
tion, au moyen des peines de la diffamation des demandes reconnues calomnieuses ; irrecevabilité de la demande
intentée par une fille âgée de plus de vingt cinq ans
contre un mineur de dix-huit ans.

Or, si l'on songe que l'action pourrait être exercée
librement par la mère durant la minorité de l'enfant il
est aisé de voir à quels faciles abus son admission
pourrait donner lieu et quelle arme dangereuse ce serait entre les mains de filles animées non par l'a-
mour maternel mais par un esprit de lucre et de vengeance.

Les peines correctionnelles proposées pour refréner
ces abus n'y opposeraient qu'une barrière fragile ; car
non seulement elles n'exerceraient pas une intimida
tion suffisante en regard des avantages considérables
pouvant résulter de l'action, elles seraient encore le
plus souvent inapplicables, la crainte seule d'une action
si facilement admise devant produire avant même
qu'elle soit exercée les effets attendus par ceux qui l'in-
tenteraient dans un but de chantage.

Ce système aurait donc pour effet selon nous de provoquer des abus en sens inverse aussi scandaleux que
ceux dont il vise la suppression.

Il est d'ailleurs en complet désaccord avec les en-
seignemens que nous avons pu tirer de la législation
étrangère. On peut établir en effet une ligne de démar-

cation bien distincte entre les diverses législations que nous avons étudiées et qui reconnaissent à l'enfant un droit co-existant à sa naissance. Les premières sanctionnent ce droit en permettant sans limitation la recherche de la paternite ; mais elles paralysent aussitôt les dangers de cette entière liberté, toutes, en bornant uniquement les effets de l'action à une créance alimentaire calculée le plus souvent de telle façon que la mère n'y puisse personnellement trouver aucun bénéfice, les unes encore en refusant en principe à la mère l'exercice de l'action (Code civil allemand) les autres en le lui laissant, mais resserré dans un délai très court (cantons suisses). Les secondes au contraire ne permettent la recherche de la paternité que lorsque des preuves sérieuses en rendent l'exercice sans danger, mais elles donnent en même temps à la filiation une fois établie des effets beaucoup plus considérables. Les législations sont rares qui consacrent à la fois la libre recherche et les droits de l'enfant naturel à la succession paternelle. Les seules que l'on puisse citer à l'appui du projet Rivet sont en Amérique celles de la République Argentine et du Guatemala ; encore les droits successoraux sont-ils beaucoup moins étendus qu'en France ; en Europe, le code de Glaris, aux termes duquel ces droits sont très étendus. Mais, à supposer même que ces règles y produisent de bons effets, il resterait à savoir dans quelle mesure notre civilisation moderne s'accommoderait des règles admises sans danger par les mœurs

restées simples et patriarcales des montagnards de la
Suisse.

En somme nous pensons qu'en reprenant les expres-
sions mêmes de M. Rivet comparant le progrès à un
immense balancier qui mis en mouvement va tantôt
trop haut, et tantôt trop bas jusqu'à ce qu'après bien
des oscillations il arrive à trouver l'équilibre et à tenir
la balance égale (1) l'admission d'un projet tel que le
sien imprimerait au balancier une impulsion violente
l'entraînant dans le sens opposé aussi loin de l'équilibre
qu'il l'est actuellement et créant des abus d'un ordre
nouveau mais aussi graves que ceux qu'il vise à supprimer.

Tout autre à notre avis est le projet Bérenger.

Il peut d'abord citer, à son appui, l'exemple de Codes
étrangers remarquables et récents tels que ceux de
Portugal, d'Espagne, de Belgique, du Mexique.

N'admettant la recherche que dans certains cas où
la preuve de la paternité repose sur des bases sérieuses, il cantonne l'action dans des limites où elle sanctionne justement les droits sacrés de l'enfant sans pouvoir aisément se transformer entre les mains de gens
sans aveu en un instrument de chantage et de scandale.

Il ne se contente pas de limiter les cas où l'action
est admissible, il exige encore préalablement à son

1. Journal *le Rappel*, n° du 11 décembre 1883.

exercice les formalités préliminaires aux demandes en séparation de corps et c'est là une précaution fort sage qui tarirait dans leur source les spéculations fondées sur la crainte du scandale.

Il est aisé de comprendre en effet que la menace de voir présenter une requête qui n'est soumise à aucune publicité et qui sera invariablement rejetée si elle ne repose sur aucun fondement sérieux, ne peut être de nature à faire trembler un homme irréprochable ; il en serait autrement s'il s'agissait d'une accusation scandaleuse portée publiquement contre lui et qui, reconnue mensongère, châtiée même par les juges, n'aurait pas moins durant les délais de la procédure sali son nom d'une tache infâmante.

Une seule modification nous semble nécessaire au projet Bérenger en ce qu'il vise spécialement la séduction comme un fait de nature à rendre l'action recevable.

D'une part, la séduction est un fait complexe dépendant de mille circonstances diverses, susceptible d'exister ou de pas n'exister sous le couvert des mêmes apparences, suivant l'âge, le caractère, la situation respectives du séducteur et de la fille séduite, laissant en conséquence dans son appréciation une large part à l'arbitraire et pouvant donner naissance, si l'on songe à l'extension que pourraient lui donner certaines interprétations, à tous les abus de la recherche librement admise. D'autre part, cette preuve extrêmement diffi cile de la séduction une fois faite, qu'en résultera-t-il sinon l'établissement des rapports charnels avec aggravation de la responsabilité de l'homme dans les relations coupables qui ont donné naissance à l'enfant ? Cette recherche qui serait intéressante si nous voulions défendre la femme en édictant une peine contre le séducteur est ici sans objet ; c'est là, en effet, une question que nous laissons entière et qui est toute distincte de celle que nous devons étudier. Ce qui nous intéresse actuellement c'est, en établissant la paternité, donner à l'enfant les moyens de faire valoir ses droits vis-à-vis de son père ; or, la présomption de paternité est fondée sur l'existence des rapports charnels fortifiée par l'honnêteté de la mère non pas antérieurement, mais postérieurement à ces rapports et pendant la période de la conception ; elle pourra donc être aussi solide que la mère ait été séduite ou qu'elle se soit donnée en toute liberté.

Pour ces raisons nous demandons que la paternité puisse être prouvée chaque fois que pourront l'être les rapports charnels à une époque se rapportant à celle de la conception, mais à la condition que les circonstances soient telles que l'on puisse présumer, pendant cette même période, la conduite régulière de la mère.

Tel sera le cas : 1° lorsque ces rapports résulteront d'écrits émanés du père, à condition qu'il en ressorte également que la grossesse était connue de lui et que, soit expressément, soit tacitement, il s'en soit reconnu l'auteur ; 2° lorsque la mère pourra établir, aussi bien par témoignages que par écrits, que pendant la période de conception, elle a vécu avec le père présumé, comme mari et femme.

La seule preuve même faite par écrit des rapports charnels ne suffirait pas, car il manquerait alors un des éléments nécessaires pour fonder la paternité, la présomption d'honnêteté de la mère, qui résulte dans le premier cas de l'aveu du père reconnaissant être l'auteur de la grossesse, et dans le second de la surveillance qu'il a pu exercer sur sa conduite, vivant constamment avec elle. Toutefois il y aurait exception au cas où les écrits présentés par la mère prouveraient, en même temps que les rapports intimes, les manœuvres de séduction dont elle a fait l'objet ; ces manœuvres étant considérées comme une reconnaissance anticipée par le défendeur de son honnêteté et corroborant ainsi comme aux deux premiers cas la présomption de paternité insuffisamment établie par les seuls rapports charnels.

Nous admettons donc la séduction comme un élémen de nature à faciliter la preuve de la paternité, mais à la différence du projet Bérenger nous ne l'admettons pas seule et nous excluons pour l'établir la preuve testimoniale.

Dans tous les cas d'ailleurs le défendeur pourrait faire tomber la présomption de paternité en établissant

par tous les moyens l'inconduite de la mère pendant
l'époque fixée comme étant celle de la conception.
Il pourrait même faire rejeter de plein droit la demande, avant qu'elle soit portée à l'audience et lors des
formalités préliminaires, sur la présentation au Président du tribunal d'un certificat du commissaire de po-
lice constatant que la demanderesse, lors de ses relations
avec elle, faisait métier de la prostitution. On pourrait
encore déclarer la demande irrecevable, ainsi que le
propose d'ailleurs M. Rivet, au cas où l'âge de la mère
comparé à celui du défendeur ferait présumer que l'une
a abusé de l'autre pour lui faire donner des preuves
de la paternité, fondées seulement sur la naïveté de
leur auteur.

Il est évident que certains cas très graves de séduction resteraient en dehors des prévisions de cette loi.
Mais il ne faut pas oublier que ces faits pris parmi les
plus coupables peuvent être à la fois les plus difficiles à
établir et les moins probants pour fonder la paternité.
Il faudrait alors donner contre les auteurs une action
pénale et non pas une action en recherche de paternité, car la paternité n'est pas une peine. Une fois établis et réprimés pénalement, mais seulement alors, rien
ne s'opposerait à ce que ces faits puissent servir de base
à une action en recherche de paternité. La preuve en
effet, n'en aurait été entreprise qu'à bon escient et sous la
responsabilité du ministère public, ce qui écarterait tous
les dangers qu'il y aurait à l'admettre en matière civile.

La recherche admise dans ces conditions laisserait
certainement en dehors de sa protection beaucoup
d'enfants illégitimes ; mais elle aurait cet avantage de
se rapprocher autant qu'il est possible sans troubler
la société, de ce principe du droit naturel en vertu duquel tous les enfants, qu'ils soient ou non issus du mariage, ne forment qu'une seule catégorie d'êtres nais-
sant avec des droits égaux.

La libre recherche au contraire avec la réduction
considérable de ses effets, qui en est la contre-partie
nécessaire, arrive en somme à sacrifier tous les enfants
naturels. De plus, l'admission sans restriction des preuves de droit commun pour établir la filiation paternelle
doit inévitablement amener des attributions mensongè-
res de paternité et les conséquences en retomberont
sur les enfants naturels qui, en compensation des
droits infimes qui leur sont reconnus par ce système,
verront encore reporter sur eux la haine de ces sen-
tences injustifiées.

Reste à savoir, une fois admise la loi que nous dé-
endons, quelles mesures pourraient être prises en faveur des enfants non recevables à rechercher leur filiation paternelle.

Pour ceux-là une nouvelle réforme s'imposerait concernant l'Assistance publique. Est-ce à l'institution des
tours qu'il faudrait revenir ? On sait que les tours
créés sous le premier empire (décret du 19 janvier
1811) comme la contre-partie nécessaire du système

de la prohibition, ont disparu dans un immense avortement. Commencée dès 1833 leur disparition est un fait
accompli depuis 1860 et cela, bien que le décret qui
leur a donné naissance n'ait jamais été abrogé.

Cette institution avait provoqué les plus graves abus
et le silence absolu dont elle enveloppait l'abandon
des enfants avait favorisé cet abandon au point de le
décupler presque en moins de cinquante ans.

Le nombre des enfants assistés de 40.000 qu'il était
en effet en 1784 s'était élevé en 1833 à 310.946 (1).

A partir de 1811 on avait vu des parents se débar-
rasser de leurs enfants légitimes ; certaines mères se
faire une sorte de profit du dépôt de leurs enfants
qu'elles revenaient ensuite chercher comme nourrices,
des sages-femmes faire métier de transporter au Tour
les enfants des filles-mères qu'elles allaient solliciter
dans leur domicile (2). Les Tours encourageaient donc
les abandons ; ils constituaient une tentation de tous
les instants pour les parents qui éprouvaient des difficultés sérieuses à entretenir leurs enfants et qui pouvaient céder dans un mouvement de découragement ;
bref, c'était suivant l'expression de Henry Brougham,
« la plus belle petite machine à démoralisation qu'on
ait pu inventer ».

Ce n'est donc pas à cette institution qu'il faudrait

1. *Journal des Economistes* 1871, t. 136, p. 404.
2. Semichon, *Histoire des enfants abandonnés*, p. 237.

revenir pour assurer l'existence des enfants qui ne pourraient rechercher leur père.

D'autre part, le système actuel qui consiste à placer les enfants abandonnés chez les particuliers après un stage à l'hospice fait le plus souvent à ces enfants qui n'ont pas demandé à naître une condition misérable pendant leur jeunesse sans leur donner le plus souvent l'éducation nécessaire pour assurer plus tard leur existence.

« Ils sont d'abord « dit M. de Molinari », entre les
« mains de cultivateurs qui les emploient à la garde
« du bétail ou à d'autres usages domestiques quand
« ils ne les font pas mendier. Bien jeunes encore ils
« gagnent à la sueur de leur front le morceau de pain
« qu'ils reçoivent en butte aux brutalités de leurs maî-
« tres bien plus que l'objet de leur attention. Ne nous
« hâtons pas de les plaindre... la vie qui se prépare
« pour eux sera dure et ils ont besoin de s'y faire ;
« mais cette ignorance profonde dans laquelle ils ont
« vécu jusque-là est-ce à la suite d'un troupeau ou
« auprès de nourriciers aussi ignorants qu'eux qu'ils
« en sortiront.

« Dans les 12.000 enfants placés à la campagne par
« les hospices de Paris en 1821, il ne s'en trouva que
« 1.500 qui apprirent à lire et à écrire. Cependant,
« la connaissance de ces éléments devant les rendre
« plus utiles à leurs maîtres ceux-ci étaient intéressés
« à la leur donner. »

Voilà comment on les élève. Ce qu'ils deviennent, la statistique n'en dit rien ; mais certaines indications peuvent jusqu'à un certain point suppléer à cette lacune de la statistique officielle. « Je suis convaincu, lisons-nous « dans un mémoire de M. de Bondy préfet de l'Yonne, « que si l'on recherchait l'origine de tant de jeunes « vagabonds qui se présentent fréquemment dans les « préfectures pour obtenir des secours de route c'est- « à-dire les moyens d'errer en France sans but et sans « espoir déterminés, il se trouverait qu'un fort grand « nombre d'entr'eux sont des enfants trouvés dont se « débarrassent ou s'inquiètent peu leurs offices res- « pectifs parce qu'ils ont atteint l'âge passé lequel les « pensions cessent d'être payées. »

Le système qui ait donné jusqu'alors les meilleurs résultats est encore celui de l'assistance à domicile. La mortalité est bien moins considérable pour ces enfants que pour les enfants secourus à l'hospice. D'après M. d'Haussonville cette mortalité n'est que de 29 0/0 pour la première classe d'enfants alors qu'elle est de 57 0/0 pour les autres (1).

Il y aurait donc là peut-être, la base d'une organisation nouvelle permettant aux mères d'élever honnêtement leurs enfants naturels en leur donnant les secours suffisants.

L'éducation professionnelle de l'enfant pourrait en-

1. Semichon. *Histoire des enfants abandonnés*, p. 257.

suite être aidée et surveillée par l'Etat mais de telle açon qu'elle n'aboutisse pas à en faire un vagabond après lui avoir fait subir un stage comme souffre-douleur.

Qu'on n'objecte pas la dépense, car le nombre croissant des enfants naturels reconnus dégrevant progressivement le budget de l'assistance publique, la situation des enfants sans père pourrait être notablement améliorée sans que de nouveaux crédits soient nécessaires.

Encore ne comptons-nous pas la diminution des frais de justice occasionnés par les infractions des criminels du jeune âge parmi lesquels figurent pour une si forte proportion les enfants naturels.

On serait en droit en effet d'attendre cette diminution d'une loi qui, sauvant de l'abandon une grande partie des enfants naturels, donnerait à la société l'obligation de prendre effectivement à sa charge ceux auxquels, pour sa plus grande sécurité, on aurait défendu de rechercher leur père.

APPENDICE

Nous n'avons rien dit jusqu'alors des enfants adultérins et incestueux. Notre Code Civil contient en ce qui
les concerne des dispositions assez bizarres.

D'une part, en effet, il leur accorde une créance alimentaire (art. 762); d'autre part il leur défend de s'en
prévaloir puisqu'ils n'ont ni le droit d'être reconnus
(art. 335), ni le droit de rechercher leurs parents
(art. 342). Donc, hors les cas excessivement rares où
leur filiation adultérine ou incestueuse sera établie soit
à la suite d'une procédure de désaveu, soit à la suite
d'une procédure annulant le mariage pour cause de
bigamie ou d'inceste, alors qu'il n'y aurait de la part
de l'un ou de l'autre des époux aucune bonne foi, les
enfants adultérins ou incestueux n'ont vis-à-vis de leurs
père et mère aucune espèce de droit. Il nous semble
que ces dispositions sont barbares et qu'elles peuvent
sans danger pour la société être considérablement
adoucies.

On pourrait d'abord, selon nous, permettre la reconnaissance des enfants incestueux aux cas où la loi permet le mariage entre les parents, sauf dispense. Ce
serait déjà restreindre sans inconvénients graves le
champ de la filiation incestueuse ; ces enfants qui
pourraient être volontairement reconnus auraient sous

les mêmes conditions que les enfants naturels simples
le droit de prouver judiciairement leur filiation.

Quant aux autres enfants incestueux ils ne pourraient
rechercher judiciairement ni leur paternité ni leur maternité car ce serait une atteinte profonde à la morale
que leur donner les moyens de révéler le crime de
leurs parents ; mais si par suite d'une procédure suivie en dehors d'eux et prouvant l'inceste, leur filiation
se trouvait établie, leurs droits seraient alors ceux des
enfants naturels simples.

L'enfant est en effet innocent du crime de ses
parents et sa filiation n'en sera pas moins établie, qu'on
lui reconnaisse seulement une créance alimentaire ou
des droits successoraux ; il vaut donc mieux, l'ordre
public n'étant pas troublé plus profondément dans un
sens que dans l'autre, prendre la décision qui lui est la
plus favorable.

Nous demandons d'ailleurs le maintien de l'article
335 en ce qui concerne la reconnaissance volontaire des
enfants incestueux ; cette reconnaissance constituerait
en effet un défi jeté à la morale et de nature à troubler
profondément la conscience publique.

Quant à la filiation adultérine, on doit en principe
en prohiber la recherche. L'enfant adultérin trouve en
effet en face de son droit les droits aussi sacrés de
l'époux et des enfants légitimes ; va-t-on lui permettre
pour établir ce droit douteux encore, de sacrifier peut-
être tant d'autres droits indubitables ; pourra-t-il en

exerçant son action qui aura pour effet d'établir l'adultère, introduire le désaccord dans un ménage uni jusqu'alors, provoquer peut-être le divorce avec ses déplorables conséquences pour les enfants nés du mariage; cela n'est pas admissible et nous pensons que ses droits doivent être méconnus en présence du trouble profond qu'entraînerait leur exercice.

Mais la crainte de troubler le mariage est elle-écartée; la mère est-elle morte ou le trouble est-il survenu pour toute autre cause provoquant la désunion des époux et la dissolution du mariage ?

Le droit de l'enfant adultérin qui sommeillait seulement pourra dès lors renaître ; et ce droit sera le même que s'il était naturel simple.

Quant à la reconnaissance volontaire on pourrait la permettre selon nous à celui des parents qui était libre au moment de la naissance de l'enfant sans que l'acte puisse jamais mentionner le nom de l'autre parent et sans que ce dernier puisse même après la dissolution de son mariage avouer publiquement sa faute en reconnaissant volontairement l'enfant.

Vu : le Président de la these
WEISS.

Vu : le Doyen,
GLASSON

Vu et permis d'imprimer :
Le Vice-Recteur de l'Académie de Paris,
GRÉARD

TABLE DES MATIÈRES

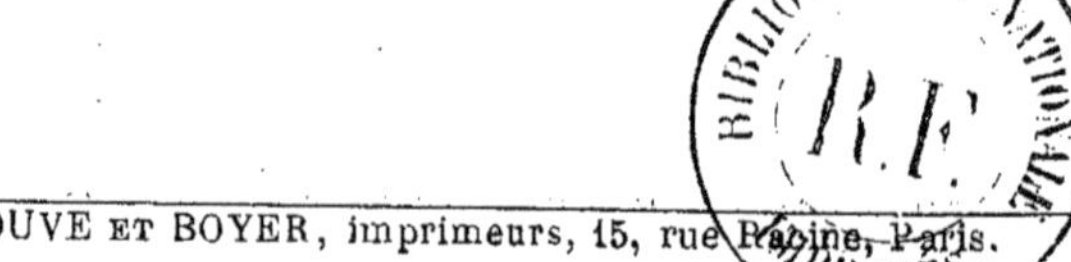

JOUVE ET BOYER, imprimeurs, 15, rue Racine, Paris.